小钱袋赚起来丛书

投资理财就这么简单

林峰／编著

電子工業出版社
Publishing House of Electronics Industry
北京•BEIJING

内 容 简 介

本书全面阐述了作者在理财方面所总结的观点和思想，涵盖了日常理财生活的方方面面，如房产、股票、黄金、保险、理财产品、职业收入、消费习惯、理财计划等。

但本书并不是对于既有理财知识、观点的简单编纂和集合。书中绝大部分内容来自作者的观察和思考，具有高度的原创性，是作者个人思想体系的提炼和总结。这个思想体系里面不止有理财方面的思想，更有对于人生、社会的一些观点和讨论；既有大家喜闻乐见的“鸡汤”，也有一些理性的“反鸡汤”。如果说其他理财书更多地像是教材的话，那么本书就是娓娓道来的“焦点访谈”。

本书的思想性、实用性较强，适合刚走上社会的年轻人、焦虑于工作和生活的中产阶层、退休赋闲的中老年人等社会广大群体阅读。

图书在版编目（CIP）数据

投资理财就这么简单 / 林峰编著 . —北京：电子工业出版社，2017.11
（小钱袋赚起来丛书）
ISBN 978-7-121-31472-8

Ⅰ . ①投… Ⅱ . ①林… Ⅲ . ①投资－基本知识 Ⅳ . ① F830.59

中国版本图书馆 CIP 数据核字（2017）第 097441 号

责任编辑：高洪霞
特约编辑：刘广钦 刘红涛
印 刷：三河市双峰印刷装订有限公司
装 订：三河市双峰印刷装订有限公司
出版发行：电子工业出版社
北京市海淀区万寿路 173 信箱 邮编：100036
开 本：720×1000 1/16 印张：11.5 字数：184 千字
版 次：2017 年 11 月第 1 版
印 次：2017 年 11 月第 1 次印刷
定 价：49.00 元

凡所购买电子工业出版社图书有缺损问题，请向购买书店调换。若书店售缺，请与本社发行部联系，联系及邮购电话：（010）88254888，88258888。
质量投诉请发邮件至 zlts@phei.com.cn，盗版侵权举报请发邮件至 dbqq@phei.com.cn。
本书咨询联系方式：010-51260888-819，faq@phei.com.cn。

前　言

“理财”是一个非常大众化的话题。顾名思义，只要你手里有钱，并且在计划着怎么花，顺便计划着怎么让钱生钱，那你就是在理财了。因此，只要你有一定的收入并能控制这些收入，那你就几乎无法避开理财这个话题，因为理财和你的生活是息息相关的。

但就是这样一个看似很简单、门槛很低的话题，却给无数人带来了困扰。比如，房子为什么一直涨，有没有泡沫？要不要辞职炒股？如何跑赢通胀？该不该投资路边收益率百分之十几、看上去诱人的理财产品？以至于有些人看了罗伯特·清崎在多年前写的畅销书《穷爸爸，富爸爸》之后，还会产生疑问：我能不能实现财务自由？如何实现财务自由？要不要放下一切去创业？

以上种种问题，在信息量爆炸的今天，其实有着无数种解答——而本书只是其中一种。在这无数种解答中，包括本书在内，任何一种解答都不是十全十美、一劳永逸的；更直白地说，没有一种解答可以手把手地帮助你赚钱，更不可能让你在看到之后立刻从一个理财小白摇身一变成为理财大师，或是从一个节衣缩食的穷人摇身一变成为腰缠万贯的富人。

但理财的能力——我们称之为财商，确实是可以后天培养的，有别于先天决定的智商。而培养自己财商的关键，在作者看来，就是掌握合理的方法，并正确地认识到自己的特点，从而制订最合适的理财方式和计划。所谓授人以鱼不如授之以渔——让你掌握方法和诀窍，比告诉你明天哪支股票会涨更可贵，后者可能会让你短期内看到白花花的银子，但前者却能让你终身受益。

作者基于自己多年的知识积累和工作、理财经验，浓缩成这本书奉献给读者。书中采用了大量的案例分析并穿插图表，行文深入浅出，将日常的理财知识及作者自己的思想通过浅显直白的语言娓娓道来。本书不受限于枯燥、脱离实际的理论，而是特别强调现实生活中老百姓所面临的最直接、最新鲜的问题。相信在你看完本书之后，对于很多经常产生疑问甚至产生过误解的问题都能豁然开朗并迎刃而解。

本书特色

1．内容实用、详略得当，讲述最符合老百姓认知的理财知识

本书涵盖了理财生活的各个方面，如房产、股票、黄金、保险、理财产品、职业收入、消费习惯等，从内容结构上非常注重知识的实用性和可操作性（例如，本书并没有介绍去海外炒股或是高端套利方法，因为这些离普通老百姓太遥远）。对于老百姓非常关心的问题，如房产、P2P 理财，本书并不吝笔墨而是详细分析，力图将作者在这方面的观察和总结完全展现在读者面前。

2．行文简洁清晰，适合平均文化层次的读者阅读

由于理财和经济、金融密切相关，因此很多理财书免不了看上去“高大上”，介绍一堆名词术语，却让缺乏相关文化背景的读者摸不着头脑。而本书的特色之一就是“接地气”，用最通俗、最简练的语言来介绍理财的知识和概念，其中不乏一些宏观经济和国际金融的专业知识，力求让读者在领悟到相关原理的同时，也几乎没有阅读上的障碍。

3．具有思想性和原创性，是作者个人思想体系的总结

作者通过多年的经验和观察，逐渐形成了自己的一套独立思想体系，其中既包括理财知识，也包括对于人生、社会的思考，本书将这一套体系呈现在读者面前。本书不同于“天下文章一大抄”的个别理财书（个别书的内容都有着相当程度上的雷同），书中的思想几乎都是作者通过自己的思考所得来的。某些思想与主流观点一致，但也有一些完全是作者个人的看法——读者对此可以选择信，也可以选择不信，但正如上文所说，作者希望传授的是一种思想方法，而不是结果本身。

4．具有高度的时效性，分析当下社会最热门的话题

本书完稿于2016年下半年。由于前面提到的原创性的缘故，书中绝大部分篇幅内容都是以2016年为背景的，甚至某些分析（比如二、三线楼市）从未在其他已出版的书中出现过，因为这个话题实在是太新了。

在作者看来，目前的社会完全可以用瞬息万变来形容，也许适用于2014年、2015年的经验，已不适用于2016年、2017年。这就是笔者力求让本书体现最新内容的原因，以在最大程度上对读者起到实际作用。

同样，或许再过两三年，本书中的一些观点也会过时，但作者要强调的还是方法——观点会过时，但方法永远不会过时。

本书的体系结构

第1章 关于理财——你需要知道的一些真相

本章旨在让读者在进入理财这个丰富多彩、变幻无常的领域之前，先弄清楚几个基本的概念——复利在实践中的本质、不同人群的理财需求、理财规划的实质、财务自由的实质。本章相当于《九阴真经》的总则篇，传授的是内功心法，也就是引领具体理财措施的思想方法。

第2章 “穷爸爸，富爸爸”的四象限迷局

本章从分析罗伯特•清崎的畅销书《穷爸爸，富爸爸》入手，对“四象限”进行展开，并分别讲述上班、创业、自由职业之间的关系，让读者对于自己“应该做什么”有更清醒的认识。本章侧重的是“主动收入”这一环节，主动收入同样是理财规划中非常重要的一面。

第 3 章 波谲云诡的房地产市场

本章分析的是老百姓最关心的房产问题，而本章的原创性也是全书中最高的。先从买房和租房入手，分析了买房的本质；之后讲述了作者关于房价上涨的独特观点和看法，并结合了过去数年一线和二、三线房价走势，进行了具体案例分析。作者希望读者在读完这一章之后，即使仍然买不起房，但已能够看清“中国房地产市场”这一个庞然大物的整体脉络。

第 4 章 变幻莫测的投机市场

本章的内容主要是作者对于股票等投机市场的看法，其中不乏作者的独创性内容。股市的时效性是最强的，所以作者并不能在书中告诉读者哪支股票能买哪支不能买。作者注重的是炒股（包括其他投机市场）中所必备的“心法”。如果你能完全掌握这些心法，那么就能够在这个充满风险的市场中自保。

第 5 章 理财产品市场掠影

本章着重分析了 P2P 理财、线下理财、美元和黄金等主流理财工具。本章的实用性可谓最高——因为作者周围就有不少买理财产品却上当的案例，因此如何找到合适的理财产品是老百姓面临的最现实课题。同样，本书不会介绍具体的理财产品，但会讲述如何去选择产品。对于美元和黄金，作者则分享了个人的一些独特看法。

第 6 章 消费的学问

第 2 章到第 5 章讲述的是如何投资和取得收入，而第 6 章则是讲述如何支出和消费，在这方面每个人都有自己的习惯和看法。作者并不打算改变所有人的看法，而是向读者提出一些建议，愿者方可从之。

第 7 章 理财和生活

作为本书最后一章，讲述的是理财与生活各方面的关系，即时间、家庭、奋斗和幸福。通过本章，读者可以体会到生活中的方方面面都可以用理财的思想方法去指导，从而理性地生活、合理地生活，走向通往幸福的康庄大道。

本书面向的读者群体：

- 刚走上社会的年轻打工族。
- 计划创业的年轻人。
- 计划买房的刚需一族。
- 为工作和家庭焦虑的白领。
- 退休赋闲的中老年人。
- 有志于实现财务自由的人。

关于作者

林峰：上海复旦大学英语专业本科毕业（辅修经济学第二专业）、法律专业硕士研究生毕业，目前在一家国际律师事务所担任高级顾问职务。常年为客户提供法律、金融、财务方面的咨询和建议，对于经济、金融和理财有非常深入、独到的研究和见解。

作者同时也是国内大型问答性社区“知乎”的用户，在知乎上关注作者的人数迄今已超过 6 万人。

由于时间仓促，加之水平有限，书中的缺点和不足之处在所难免，敬请读者批评指正。

轻松注册成为博文视点社区用户（www.broadview.com.cn），扫码直达本书页面。

提交勘误：您对书中内容的修改意见可在 提交勘误 处提交，若被采纳，将获赠博文视点社区积分（在您购买电子书时，积分可用来抵扣相应金额）。

交流互动：在页面下方 读者评论 处留下您的疑问或观点，与我们和其他读者一同学习交流。

页面入口：http://www.broadview.com.cn/31472

目　　录

第 1 章

理财的基本概念

在 21 世纪的第一个十年悄然过去之后，很多人发现，“理财”这个原本看上去有些高端的行为，渐渐变得耳熟能详。街头巷尾，常常能听到老头、老太太们谈论购买了什么理财产品，甚至不时冒出通胀、降息、降准这些专业词汇。

这背后的原因，一是这十几年来（尤其是 2008 年之前）世界经济总体处于上升周期，加之中国经济独占鳌头的表现，让大家的收入“噌噌”地涨，手里的“闲钱”越来越多了。二是在这样的上升周期中，资产价格及收益率自然水涨船高，而与此相对的，中国的银行业却固守着利率非市场化的逻辑（直到近两年才有所放开），从而导致老百姓纷纷把存款从银行定存“搬家”到在他们眼里更合适的港湾。

一夜之间，从腰缠万贯的大亨，到事业有成的白领，到勤俭持家的退休职工，再到刚大学毕业的懵懂小青年，都开始关注“理财”这件事，似乎如果谁不懂理财，或是对此不屑一顾的话，就远远落后于时代了。

本书要讲的，还是理财这件事。理财也许不能让你实现一步登天成为大富翁的梦想，但适当的理财却能让你在现实生活中切实地保护自己辛苦积累的财富，并让自己的财富增值。本章就先从理财行为当中的一些非常重要，但又可能被人忽视的基本概念讲起。

1.1 你不理财，财不理你吗

有一句家喻户晓的广告词——你不理财，财不理你。这句话看似很有道理——如果你没有理财意识，就会变穷。但反过来，如果你热衷于理财，就一定会变得富有吗?

1.1.1 理财数据里揭示的秘密

先来看一组数据。某互联网金融产品披露的2016年第一季度年报显示：

- 在该平台上累计投资金额低于1万元的投资人，占总投资人数的45.97%；
- 在该平台上累计投资金额在1万元至5万元区间的投资人，占总投资人数的41.73%；
- 在该平台上累计投资金额在5万元至10万元区间的投资人，占总投资人数的6.09%。

换句话说，在该平台上投资少于100 000元的投资人，占总数的93.79%。

那么我们来算算，一个普通百姓的收益情况：

假设一个人投资了3万元，即93.79%的人群取中位数。

该平台的收益率相对比较高，从一个月期限至一年期限，收益率为6% ~ 10%，取平均数8%。这样一年下来，收益不过是2400元。

你可能会提醒我，这可是复利呀！爱因斯坦说过：“复利是人类最伟大的发明，是宇宙最强大的力量，堪称世界第八大奇迹，其威力甚至超过原子弹。”富兰克林也说：“复利这块神奇的石头，能够把铅变成金子。”复利确实威力无穷，那我们再来算算到底一共有多少复利。

计算复利的时候有个很方便的窍门，就是 72 法则。用 72 除以年利率百分号前的数，得出的就是本金翻倍所需要的年限数。在上述情况中，72 除以 8 等于 9，也就是 3 万元翻倍需要 9 年。以此类推：9 年以后是 6 万元；18 年以后是 12 万元；27 年以后是 24 万元；36 年以后是 48 万元；45 年以后是 96 万元……

假设一个人从 20 岁开始投资该平台，那么在漫长的 45 年人生中，即使该平台始终保持着稳定的收益率，从来不跑路，从来不出负面新闻，以发展极其稳健而被冠以行业翘楚之誉——那么，当这个人成为垂垂老者之后，他才刚刚收获人生的第一个 100 万元。而这 100 万元，即使在 45 年前的今天，也仅够缴纳一线城市较偏远地区一套小公寓的首付而已。

你可能又要提醒我了：在这 45 年生涯中，难道他就不会追加投资吗？

这里就引出另一份数据。同样由该互联网金融产品披露的 2016 年第一季度年报显示：30 ~ 49 岁的人群，是投资人的中坚力量，占总数的 65.58%；而大于 50 岁的人群，占总数的 15.39%（该平台总成交金额为 60 亿元左右）。这就意味着，上述 3 万元的中位数，可能已经是一个差不多四五十岁投资者的累计投资额。

所以结论非常明显——由于本金投入有限，即便是在这样收益率较高的平台，想要实现发财梦也是非常遥远的。

TIPS

即便能够依靠“威力强大”的复利，但复利最大的敌人，就是你有限的本金和有限的寿命。

1.1.2　正确看待理财，避免盲目理财

有人总幻想着把普通的理财手段作为自己的摇钱树，但从上面的分析可

以看出，如果起点较低且本金不够的话，即使依靠复利，实现致富梦想也是任重而道远的。

正是受着这种幻想的驱使，受着蛊惑人心的“你不理财，财不理你”的驱使，才会有那么多人前赴后继地陷入理财的漩涡。

- 盲目追求理财产品的高收益率，全然无视理财产品本身的风险，最后平台跑路，血本无归（如 e 租宝、中晋、泛亚这样的悲剧）。
- 在高风险的投机市场（股市、期货等）投入大量资金，甚至不惜动用高倍杠杆，最后被套牢或爆仓（比如 2015 年那场著名的股灾）。
- 迷信房价永远会涨而去盲目投资商铺、小城市房产，最后收益率却极低。

然而，我们仍然要讲述理财，剖析理财。因为我们都希望能够在有生之年拥有更多的财富，并用这些财富实现自己的人生理想。

我们要做的，只是摆正自己看待理财的心态，避免“盲目理财”。

每一个有志于理财的人，首先要做的事情就是剖析自己，扪心自问：我为什么要理财？我适合怎样的理财模式？我应该制订怎样的理财计划？

本书在之后的章节中，会反复通过具体分析来为每一位读者“度身定制”适合他 / 她的理财模式。

首先，我们需要从宏观角度审视一下社会上形形色色人群与理财之间有怎样的缘分。

1.1.3 刚工作的年轻人的理财

作为一个刚走上社会、从事工作的小青年，其大多数都处于“月光”的状态——收入有限，而开支却基本省不下来。尤其是在大城市打拼的外地青年，还需要面对高昂的房租和物价。

对于这些人来说，狭义的“理财”（也就是投资某个特定理财产品或其他投资渠道）就是可有可无的，因为就如上文分析，在本金极其有限的情况下，即使有“越早开始理财越好，越能享受复利”的思路，其得到的收益也是极为有限的。

根据 2014 年一份余额宝用户分析报告显示，高达 58.6% 的网民在投资理财产品时，选择了大名鼎鼎的余额宝。其主要原因在于门槛低，1 元即可进行理财；投资渠道方便，利用支付宝即可存入余额宝；收益高于银行利率；可以随时存取，不影响资金使用；投资流程简单且网民绝大多数都拥有支付宝，有购物习惯；对阿里巴巴集团的信赖度高，风险抵御能力强。正是基于上述几点，余额宝在不到一年的时间内即拥有了数千万的用户。其中，44.5% 的用户为 20 ~ 29 岁，正是我们所说的“刚工作不久的小青年”。

然而，随着用户的增多，网民在余额宝中平均存入的金额却始终维持在 7000 元左右；投资余额宝占总资金的比例高于 50% 的网民，占总数的 55%。这就意味着，小青年们在余额宝的“投资行为”，只是为了收获每天少于 1 元的利息而已。一整年的利息，也许还不够在饭店里吃一顿饭。

对于这些人而言，“广义”的理财应该是什么呢?

那就是：积累本金，积累知识。这两样的积累，就胜过这世间一切其他的理财渠道（除了在父母资助下早早购买房产，享受中国房地产红利之外）。

1.1.4　事业小成的白领 / 金领的理财

这部分人有的因为房贷及高额生活成本，可能仍然处于“月光”；但还是有相当一部分人，已经积累起了一笔可观的财富。因此，他们对于理财的需求及贡献值，也是相对较大的。社会上各色理财分析师、咨询师的收入，有一大半也来自于这个人群。

然而，这些人当中很多却不太明晰自己理财的目的。对他们来说，即使完全不理财，只要继续工作，那么一个月几万元甚至十几万元的月薪，也足够他们支付生活的各种费用；然而，他们还是想要尽量增加自己账户上的数字，毕竟人人都喜欢锦上添花的感觉。

本着这样的思想，很多工作忙碌的白领无暇去研究自己所投资的股票或产品。要么听所谓专业人士或靠谱人士的“忽悠”，要么听理财师的“忽悠”，要么跟风，其结果往往就是：

- 买进了别人推荐的股票、基金，却被深度套牢。
- 买进了某种根本不需要的保险产品。
- 给某线上或线下金融平台投资，结果平台跑路或倒台，投资成了慈善捐款。

对于这部分人，理财的要旨就是保护好自己的本金，将保护本金的重要性置于追求高收益率之先。以这部分人群的收入，并不需要多高收益率的理财产品来“锦上添花”。

辛苦打拼所积累的财富，很容易因为自己的过于自信或疏忽大意的决策，而付诸东流。所以，这部分人群选择的理财产品和投资渠道，应该以稳健为主，尽量避免激进投资。

1.1.5 接近退休或已经退休老人的理财

这些人是各路理财的主力军，同时也是理财受骗者大军中的绝对主力。

中国社会由于监管力度不够，不断涌现各式各样的理财骗局。从最初的传销，到后来的返利网，再到高息金融平台，所有的骗局，都利用了老年人知识储备不够，同时又贪图高额利润的心态，从而轻易将老年人手里不多的积蓄尽数吸走。

这些老人怎样才能做到合理、稳健地理财呢?

只要牢记一句话：天上不会掉馅饼。

无论何种投资渠道、何种理财产品，发明这种渠道和产品的人，都是为了赚钱，没有人是为了做慈善。因此，如果一个渠道和产品让人看起来觉得发明者完全是在做亏本生意，那必然是有问题的。

不要只盯着你手里能得到的，要站在对方的角度想一下，做了你这单生意之后，他能赚到什么?

如果想不明白，那就不要投资。对于老人来说，手里的钱都是养老钱，确保本金不损失是最重要的。在此前提下，老人们理财应该有着明确的目的和计划，例如，将其中一部分用于购买大病保险，或是投入房产或实物黄金为子孙的将来做好筹备。

1.1.6　有志于实现财务自由的人士的理财

财务自由，是一个看上去很美的话题。很多年前，罗伯特·清崎写的一套畅销书《穷爸爸，富爸爸》正是以此为主题，吸引了无数人阅读。

对于有这样想法的人，理财自然是核心，因为他们的目标是不再依赖任何主动收入。可以这么理解："财务自由"正是理财所能达到的"最终理想境界"，相当于佛经中所说的凭借大智慧才能抵达的彼岸。

彼岸之花何等鲜艳，但我们为什么要去采，怎样去采？

本书会在之后章节中详述何种人才应该去追求财务自由，以及怎样实现财务自由。

简言之，每一个人都在理财这个大迷宫中处于不同的位置和不同的状态。这个世界上并没有任何通用的办法，能手把手地指导每个人走出这个迷宫，但本书旨在点燃迷宫中若隐若现的灯火，以给每一个人提供走出迷宫的一些思路。

1.2　无规划，不理财

对于理财这个课题来说，最重要的莫过于"规划"二字。

对于一个在社会上已经独立的人来说，他 / 她一般都会有稳定的收入，以及也许稳定也许不稳定的支出。如果收入远大于支出，那么即使他 / 她从来不理财，也会逐渐变得富有。但通常情况则是，我们总是觉得自己的收入不够应付支出，或是希望能取得更多的收入。那么，我们就需要对收入和支出这两方面都进行规划，这种规划的过程，就称为理财。

1.2.1　理财规划类似于旅游攻略

在现代生活中，提前规划的行为已经逐渐被人们（尤其是年轻人）所接受。

就像外出旅游，以前人们只习惯于跟随旅行团，啥时候让上车就上车，啥时候让下车玩就玩，玩多少时间，吃什么饭，住什么旅馆酒店，都是团里指定。这样的旅行最大的特点就是“无脑”。而现在的年轻人已经厌烦了跟团游，开始习惯于自行设计旅游攻略（也就是所谓的“自由行”），这样就可以在自己喜欢的地方想呆多久就呆多久，尽情品尝当地的美食，体验风土人情，甚至有时候还能来一段美丽的邂逅。

如果把理财比做旅游的话，那么“旅行团”就相当于让你把平时所有的收入存入银行。与西方银行利率市场化不同的是，中国银行的利率一直遵循非市场化的逻辑，直到近年才有所浮动。因此，你只能跟着央行的指挥棒，享受着央行所制定并公布的银行定期存款利率。

这种理财方式，最大的优点就是和旅行团一样省心，几乎没有任何风险，也不需要动任何脑筋。但是缺点也很明显——只能享受与同期其他投资渠道相比几乎最低的利率，而且不能自由地支配自己的财富。

然而，自行设计旅游攻略也意味着承担相应的风险。如果攻略有所不周，就有可能在景区游玩结束后望眼欲穿地等待回酒店的车，或是在某个地方被人骗了钱财，或是在时间上要么安排得很紧，到处赶场，要么安排得很松，几乎无事可干，只能看着手机刷朋友圈。

理财也是同样的道理。如果规划不周，会遇到麻烦、障碍甚至承受金钱乃至人身健康方面的损失。

理财是极其理性的活动，所以，需要提前进行周密、完善和明智的规划。

根据笔者的观察，近几年来随着互联网金融产品的流行，很多人开始有了理财规划，如将闲散资金放在余额宝中。但此类“理财规划”也仅相当于“自由”行当中计划去一两个热门景点，还没有深入到“自由行”的精髓当中。

1.2.2 平时我们看到的理财规划

我们在日常生活中也许不时会从网络和其他媒体上看到理财专家谈论如何制定理财规划。下面举例说明（以下实例均来自百度百科）。

梁先生，27 岁，未婚，外企销售，月薪 1 万元。面临的问题是存的钱可以结婚，但却不够养孩子。从大学毕业到现在，梁先生坦言已经存了 3 年的钱，除了日常的开销，有 25 万元。

25 万元，说多不多，说少也不少。梁先生自己也明白，这点钱结婚也不宽余，等房价开始跌一点了，再让父母出点钱，买一套两室一厅的房子作为婚房。听说养个孩子要几十万元，梁先生就犯难了。

对于梁先生这种情况，理财专家建议，单身男性若有成家打算，就应及早筹措未来的“安家费”，并采取积极的理财计划：这一阶段的男性大多刚工作不久，理财目的大多与进修、旅游或储备结婚经费有关，但此时收入一般也很有限。

所以，储蓄应该是第一条金钱流向，另还可投资一点信誉较好、收益稳定的优质基金。参加工作以后应及早做三件事：第一，把自己收入的 20% ~ 30% 做储蓄基金。第二，预算教育支出，占自己收入的 10% ~ 15%。第三，参加一份占自己收入的 5% ~ 10% 的健康保险。

王先生，34 岁，是世界 500 强企业部门负责人，月薪 15000 元，孩子 4 岁，孩子支出占月收入的 1/3。王先生基本上保持每个月 5000 元用于儿子的各类投资。自从有了宝宝，原来做行政工作的他开始改走起销售路线来。对于这样一个巨大的转轨，他居然很快就适应了，月收入也由以前的 8000 元增长到了现在的 15000 元，当然，这还不包括年终奖。

理财专家表示如今子女的抚养教育费用是越来越惊人了。如果不理财，只是简单地把资金存在银行，拿每年 1.8% 的定期储蓄税后收益，估计还赶不上物价的上涨速度。因此，教育理财一定要及早动手。不少银行已经推出了专门针对教育的理财产品，年收益在 3% 左右。

产品设计一般充分考虑到客户积累教育资金的需求，根据客户的不同风险和收益偏好，设计出教育储蓄、教育保险、基金等综合性的理财方案。且银行与基金管理公司合作，会对投资组合产品的市场变动收益与风险进行定期分析，并为客户提供买卖交易建议。这是推荐给“懒人父母”的一个理财“万金油”。

杨栋（化名）与相恋4年的女友喜结连理，双方父母为小两口凑了100万元购置新房，但仍差50万元的房款。夫妻二人都刚工作三年，每月加一起：工资9000元，公积金2000多元，都有五险一金。杨栋原计划贷款50万元，期限20年，每月还3000多元的房贷，除去公积金每月还要从工资中拿出1000多元的月供，日子节俭一点也还凑合。

杨栋在进行理财顾问咨询理财规划时，突然发现了一个更好的解决方案。最终他决定减少首付为50万元，从银行贷款100万元，月供6000元。而将余下的50万元投向了P2C小微金融平台爱投资上的项目，年化收益率可达15%左右，其每月均可获得超过6000元的利息收入，不仅轻松偿还银行贷款，不用再从工资中拿钱还贷，而且50万元的本金也不会有任何的损失。

此类能在网络上轻易搜索到的范例式的“理财规划”，很可能无法给读者带来真正的指导意义。第一个例子中，理财、保险、基金产品那么多，投资哪个好？第二个例子中，年收益3%的“教育理财产品”真的合适吗？第三个例子中，50万元投给年化高达15%的名不见经传平台，真的好吗？结果，我们仍然拔剑四顾心茫然，不知道如何来设计自己的规划。

现实生活中，除了腰缠万贯的富裕阶层，普通老百姓专门找一位理财咨询师、分析师来为自己量身定做理财规划的情形，更是凤毛麟角——更不用说很多此类咨询师、分析师都是怀揣私货想要为客户推销自己代理的理财、保险产品。

1.2.3 笔者眼中的理财规划

老子说过：“万物之始，大道至简，衍化至繁。”

这个社会上形形色色、林林总总的投资渠道和理财产品，其实万变不离其宗——描述的都是如何把一定数额的本金，通过一定的收益率，最终使本金增值的故事。笔者将其分为以下六大类：

1．银行存款

这是最直观的理财方式。在过去二十多年中，中国的银行存款利率经历了大起大落，在通货膨胀肆虐的 1995 年，一年期存款利率一度达到了 12.06%；而到了 2016 年初，存款利率只有 1.5%。

2．各类理财产品

银行理财产品及其他金融理财产品（货币基金、信托、债券、P2P 等）都会标榜一个“预期收益率”，少则 3%，多则百分之十几甚至几十。目前来看这样的预期收益率很多能够实现，但越是高的预期收益率，其背后是骗局的可能性就越大。

3．黄金白银等实物贵金属

黄金、白银等贵金属，不会产生任何利息或孳息。但是投资者买入实物黄金，可不是为了放在家里做摆设，真正的目的在于贵金属相对于纸币的保值功能。从收益率的角度来看，假如 2016 年以 250 元每克的价格买入黄金，而 2020 年以 300 元每克的价格卖出黄金，那么这四年的收益率就是 20%，年均单利 5%。当然，也存在黄金价格始终低迷的可能——这种情况下金条就只能一直压箱底了。

4．高风险投资

股票（包括股票型基金）、现货、期货、外汇等高风险投资（也包括现货黄金 / 白银、纸黄金 / 白银等），本质上也是通过做多或做空来赚取差价，实现本金增值。但是此类渠道的收益率方差过大，无法进行有效的事前预计——可能一朝暴富，也可能西装进场短裤出场。

5．保险产品

保险产品是一类比较特殊的理财产品。目前主流的居民养老 / 健康保险产品都是两类产品的竞合——一类带有理财的稳定收益功能，一类带有保险的“射幸”功能。对后者来说，如果不发生保险理赔事项，则此类收益率为零，或者是纯消费性质的“负收益”；但一旦发生理赔，则收益率可以骤然增加。

6．房产

一线城市（北上广深）及重点二线城市（南京、杭州、苏州、厦门等）的房产，是过去十几年来公认的最佳投资理财渠道。原因也正在于其收益率。一套投资性房产，有两方面的收入：一为房租，折合成租售比为 2% ~ 3%。尽管这方面收益率看上去低了点，但更重要的是第二方面收入——房产价值的飞速上升，例如，3000 元每平方米买进的房产，短短十年就涨到了 33000 元每平方米。相比之下，本身就不高的租金收益率就显得微不足道了。

那么，一份理财规划的核心在哪里呢？在笔者看来，就是在合理控制支出的基础上，寻找适合自己的复合收益率。

合理控制支出自不待言，这是为了确保手中有着足够的本金，本书在第 6 章会重点讨论控制支出这个话题。那么“适合自己的复合收益率”是什么意思呢？

1.2.4　钱的成本

首先，在任何时期，社会都存在一个“钱的成本”的问题。“钱的成本”可以从以下三个方面来分析：

- 第一，央行公布的银行贷款基准利率。例如，2016 年 5 月 1 日，1 年期存款基准利率为 1.5%，1 ~ 3 年贷款基准利率为 4.75%。
- 第二，上海银行间同业拆放利率（SHIBOR）。SHIBOR 是由信用等级较高的银行自主报出的人民币同业拆出利率计算确定的算术平均利率，是单利、无担保、批发性利率。目前，对社会公布的 SHIBOR 品种包括隔夜、1 周、2 周、1 个月、3 个月、6 个月、9 个月及 1 年。

SHIBOR 是一个市场化的利率，反映了市场上资金的松紧程度。大家都知道 2013 年 6 月底曾发生过一场著名的“钱荒”，当时余额宝的利率达到了 6% 以上，风光无限。而当时隔夜 SHIBOR 是多少呢？2013 年 6 月 20 日，隔夜 Shibor 利率创下了历史最高点 13.444%，如图 1-1 所示。

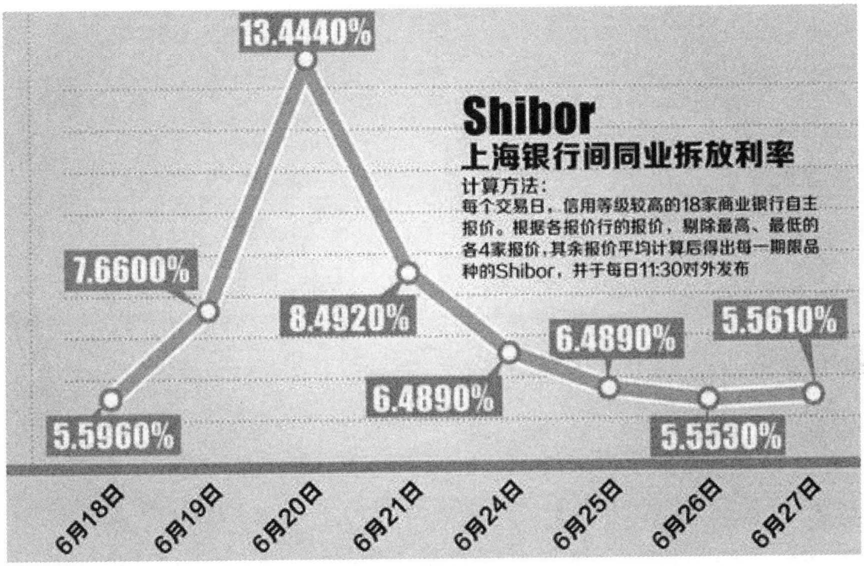

图 1-1　Shibor

- 第三，银行向中小企业的放贷利率，在 2016 年为 7% ~ 8%。这一项与上述两项不同，无法在公开渠道查询，只能通过日常生活中搜集到的信息来进行分析。

从上述三个方面出发，我们如何来确定适合自己的复合收益率呢？

1.2.5　复合收益率的确定

首先，找准自己的定位。例如，一位事业有小成的中年白领，适合他 / 她的收益率就大致为“稳健型”；一位正在工作、创业路上拼搏，主要依靠主动收入的青年，适合他 / 她的收益率就大致为“积极型”；一位退休老人，手中余钱不多，靠理财来养老的，适合他 / 她的收益率就大致为“保守型”。

如果是稳健型，那么目标就应该设定在银行贷款基准利率及相应期限的

SHIBOR 附近，最多上浮 1% ~ 2%。也就是说，在 2016 年，综合计算的复合收益率目标为 5% ~ 7%。

如果是积极型，复合收益率目标可以参考上述第三项，最多上浮 1% ~ 2%。也就是说，在 2016 年，这一目标是 8% ~ 9%。

如果是保守型，那么复合收益率不应超过银行贷款基准利率，也就是 3% ~ 4%。

在上文介绍的 3 个例子中，无论梁先生、王先生还是小杨，适合他们的收益率都在“积极型”和“稳健型”之间。因此，他们的目标也应该定为 5% ~ 9%，并在此基础上寻找合适的理财渠道。

TIPS

但是一定要注意的是：在不同的经济发展阶段，合适的复合收益率是不断在变化的。

就像 20 世纪 90 年代中期，如果当时有一个年化 12% 的产品，可以说几乎没有风险，因为当时的通胀率为 10% ~ 20%。但是在 2016 年的今天，一个 12% ~ 15% 的 P2P/P2C 产品（就像上文所说的第三个例子），却蕴藏着很大的风险，因为现在的通胀率由于经济增速下降已经比较低了。

因此，笔者建议理财爱好者应时刻关注经济情况的变化，每过一两年便调整适合自己的复合收益率。

可能有人还是会觉得笔者上文所说的保守型和稳健型目标收益率太低，无法对抗通货膨胀。事实上，很多人对通胀都存在着片面理解。笔者将在本书第 5 章中进行重点分析。

树立“复合收益率”概念为什么重要？因为它能在整体规划中起到决定性的指导作用。例如，2013 年 6 月，余额宝短期收益率飙升至 6%，这时候余额宝风险高不高？不但不高，而且非常低，因为同期的隔夜 Shibor 都在 6% 左右。

又如，一位退休老人去投资号称年化收益率高达 20% ~ 30% 的理财产品，合适不合适？无论该理财产品是否为骗局，都是不合适的，因为这远超过了对应老人的复合收益率目标。

但是，复合收益率并不意味着整体投资组合中所有的产品都要控制在该收益率附近。要计算的只是各类投资的收益加权平均后得出的整体数值。例如，小张有 100 万元本金，他用其中 40 万元投资了某银行理财产品，收益率为 4.5%；30 万元投资了某互联网金融产品，收益率为 7%；10 万元投资某保险产品，收益率为 6%；10 万元投资股票，10 万元投资实物黄金。

在上述案例中，不计算股票和黄金，小张的复合收益率为 45000/800000=5.625%，落在“稳健型”的区间。考虑到小张仍然年轻，还有拼搏的本钱，所以，能够略增加一些“积极型”因素，因此，用 20 万元投资高风险产品。假设股票和黄金一年下来亏损 10%，则小张的复合收益率就下降到 2.5%，仍在定期存款之上；但假设股票和黄金一年下来盈利 10%，则小张的复合收益率就能增加到 6.5%。

不难发现，在这个案例中，“股票和黄金”这个高风险因素仅仅占到了 20% 的比例，就能够左右复合收益率从 2.5% 到 6.5% 的变化。那么，大家可以想象，如果股票和黄金占到 50% 甚至以上比例，复合收益率就是完全不可控的了。

因此，笔者建议，在进行理财规划时要根据当前的经济形势并结合自身的实际状况，制定合理的复合收益率，并以此为指导展开相应的操作。

“鸡蛋不能放在一个篮子”是大家都知道的道理。但如果制订了错误的复合收益率计划，或压根没有复合收益率计划，致使鸡蛋都放在破损的篮子里呢？在此情况下，即便鸡蛋放了十几个篮子，最后也都会鸡飞蛋打。

1.3　财务自由有多重要

在众多理财规划中，最复杂的一项工程，就是通往财务自由的“终极理财规划”。正如前文所说，财务自由是理财的最高境界，也是理财规划所能达到的最高阶段。

1.3.1 财务自由的准确定义

一本《穷爸爸，富爸爸》让很多人了解了“财务自由”这个名词。但真正掌握其准确定义的人很少。

很多人认为，财务自由就意味着无论想买啥都能买，坐飞机不用计较是经济舱还是头等舱，逛超市不用在意食品价格，等等。从这样的概念出发，要达到“财务自由”的门槛就相当高了。

然而，即便是拥有3000万～5000万元可支配的资产，仍然不是“想买就买”。例如，你无法购买豪华游艇——一条游艇就要几千万美元；你也无法上火星旅游——一张旅游票要几千万上亿美元。

因此，很显然“想买就买”这种状态只存在于童话中，而现实中的“财务自由”并不意味着去追求这种根本无法企及的状态。

在维基百科上，财务自由的定义如下：财务自由是指你无须为生活开销而努力为钱工作的状态。简单地说，你的资产产生的被动收入必须至少要等于或超过你的日常开支。

原来，财务自由有两个最重要的概念：一是“被动收入”，二是“日常开支”。

在极端情况下，如果你一个月的开支只有1000元，那么你只需要获得1001元无须劳心劳力干活所挣来的被动收入的话，那你就已经达到这种人人都艳羡的财务自由了。假设5%的稳健收益率，那么你只需要24万元本金就足够。这么一想，是不是都恍然大悟——原来我早就实现了财务自由？！

1.3.2 通往财务自由道路上的第一个大陷阱

“财务自由”是大多数人都渴望达到的状态——只要突破了上文所述的“1000元”临界点，那么在不发生重大疾病的前提下，就可以不用干活也能生活下去，可以自由自在地选择自己真正喜欢做的事，而不是为生活所迫做那些不乐意却又无可奈何要做的事。

然而现实却是，财务自由，也就是被动收入持续大于日常开支的状态，仍然是非常难以做到的。

其原因在于：当一个人贫穷时，其消费欲望就相对较低；而随着赚钱能力及财富的增长，其消费欲望就会越来越高。就像上文说的那个拥有 24 万元理财本金的人士，当他拥有 24 万元时，他还会满足于每个月 1000 元的开支吗？所以，当初定的财务自由目标就会一次次修正。最终，你会发现你还是为赚钱这件事情所困，达不到真正自由的状态。

TIPS

所以，在通往财务自由的道路上，第一个大陷阱就在于：在自身赚钱能力和财富增长的同时，严格控制自身的消费欲望。坦白讲，这是反人性的。

下面从一个普通人角度出发，看看这条路有多难走。

首先，财务自由的前提是被动收入很多，这就要求你主动收入更多，有足够的现金流。这一点就剔除了绝大部分的人。

其次，更重要的是你要能够持续控制自己的支出，使其永远小于被动收入。这一点又剔除了剩下的绝大部分人。

最后，即便你自己达到了圣人级别，可以大幅创收，同时严格控制支出，但是那只是你的个人世界。如果你有了老公或老婆呢？你老公或老婆是和你的想法一样，还是把你那些用来创造被动收入的钱花掉？有可能是后者。这一点又剔除了仅存的人群当中的大部分人。

根据笔者的观察，一般白领、金领（也就是所谓的中产阶级）的现实状况正是如此。他们的欲望无不是随着收入的增长而增长，甚至还有不少是超前消费、借贷消费的。房子、车子、衣装、用具、子女培养、旅游度假，无不是随着收入上台阶而档次上台阶。

很多人拿着20万元的工资，贷款买四五十万元的车；很多人拿着40万元的工资，日常生活中只买几千乃至几万元的进口货买。如果月收入有2万元，支出就有18000元，那么，他们永远无法依靠被动收入来应付自己的支出。

以前有一个很热门的新闻——《中产阶层家庭的纠结和焦虑——年收入70万元不够用》，不管其来源真假，正是对上文所述情况的鲜活体现。

1.3.3 通往财务自由道路上的第二个大陷阱

也许你要问，创业成功者乃至亿万富翁是否能实现“财务自由”呢?

TIPS

这就涉及通往财务自由道路上的第二个大陷阱——很多人在生活和事业中，其实是身不由己。

让我们看看中国香港首富李嘉诚的生活状态：年仅九旬，仍然需要协助管理公司事务，患一个肠胃炎，公司股价就下跌15%，也就是说连病都不敢生，更别说退休了。

所以，尽管李嘉诚富可敌国，但他距离财务自由和我们这些普通人一样遥远。

显然，如果你是一个创业成功者，那么你就必须忙碌于自己的事业，在日夜觥筹交错的应酬中身不由己，在各种突发事件的应对中焦头烂额。只要你还担任着CEO、董事长、总裁、理事长，你就没有个人选择的自由，必须为全公司员工负责。这一切直到你把自己的产业全部转让，事了拂衣去，深藏身与名之时，才会终结。但现实中，笔者工作中所接触到的这种情况，非常少。

而且，通常做生意的人还会面临一个问题，那就是现金流。从多家中小企业的资产负债表中可以发现，在“资产”中可用于实现被动收入的现金，通常只占总资产的很小一部分。企业家们并不会依赖于理财产品去获得收入——他们只会把多余的现金，甚至可分配利润都用于扩大再生产，使自己的商业帝国日趋庞大。同时，他们还面临着短期和中期的债务偿还，一旦现金流断裂，后果不堪设想。从笔者观察来看，除非是现金流充沛的服务型公司，一般生产型和贸易型公司是断然不会把企业的现金用于投资任何理财产品的。

而企业主个人的资产呢？也必须用于装点自己的门面，购置豪宅豪车——一方面是为了彰显身价和地位，另一方面也是为了维持自己的“朋友圈”。所以，即便是亿万富翁，他也很难仅仅依靠被动收入来维持自己天文数字级别的支出。

如果不是自己创业，而是高级打工者呢？实际上社会地位越高的人，越难从中脱身而出。即便能够做到清心寡欲，但还是日夜忙碌，平时加班到凌晨，双休日也要忙于应酬和加班。对这些人而言，就算理论上已经达到财务自由（理财收入足以应付被动支出），但他们真的“自由”吗？

TIPS

所以，赚大钱不等于财务自由。很多情况下，钱赚得越多，越不自由。

在这个社会中，只有“食利者”才能获得暂时的财务自由。食利者群体包括富二代纨绔子弟；贪污腐败犯，等等。但这群社会寄生虫获得的被动收入，是完全来自于他人的。这种状态是极其脆弱且不以他们的主观意志所转移的。例如，富二代家庭经营不善破产了，贪污腐败被查被双规了，等等。从这个意义上说，他 / 她们也并没有自由，因为他 / 她们无法支配自己的命运，一旦失去被动收入来源，将无法再次建立任何获得收入的体系。

1.3.4　追求财务自由的真正内涵

人，本来就是生而不自由的。

在这个追求物质、追求结果、急功近利的社会去追求自由，本来就是不切实际的事情。这不符合绝大多数人的价值观。

只有对于一个渴望自由的人来说，财务自由才是重要的。为了心中的自由，他可以努力工作，研究理财，竭尽所能提高自己的总资产和被动收入。为了心中的自由，他可以在自己已经变得富有的时候，却维持着朴素的生活、简朴的欲望，不与他人攀比，不在人前炫耀。为了心中的自由，他可以放弃很多东西，所有的一切，只是因为在他心中，自由比什么都重要。

而这种“心中的自由”，并不是什么虚无缥缈的事情，更不是每天睡懒觉吃喝玩乐醉生梦死。这种自由是让人感到生命更有意义的自由。这种自由是让人在临死前不留下遗憾的自由。例如，写书创作、周游列国、社会公益、完善自己的人生体验、贯彻精研自己的某种兴趣爱好。从日复一日、千篇一律让人主观感觉生命缩短的办公室生涯解脱出来，所追求的自由，正是这些东西。如果不存在这些追求，那么财务自由对于一个人就完全不重要。从因果关系来说，这些追求才是因，而财务自由只不过是为了实现这些追求的手段。

有些人与其说是追求财务自由，不如说是他们正在做着自己不是很愿意做的事。如果你做着自己热爱的事，怎么会在乎财务自由不自由呢？甚至可以说，财务自由和你的愿望、心情和想法是完全相悖的：因为这种状态意味着你可以不用从事自己喜欢的事，只要靠被动收入生活就可以了。

就拿创业来说，创业的真正并且唯一的目的就是创立属于自己的事业，将其努力发扬光大。一旦你全身心投入到自己热爱的事业中，你就不会在乎是否能实现财务自由了；如果你只是抱着实现财务自由这样的功利目的去创业，缺乏对这份事业真正热爱的话，那最后很有可能是折戟沉沙的结果。

财务自由与创业是并行不悖的，是两条平行线。创业一旦开始就不存在财务自由。只有创业结束套现了才会回到是否能实现财务自由的命题上来。但在笔者看来，如果一个人追求的就是自己的事业，那就完全没必要再去追求什么财务自由了——就像李嘉诚根本就不需要去实现财务自由。

而对于有些人来说，虽然他们名义上是在追求财务自由，但实际上他们追求的只是赚大钱，然后好吃懒做不工作，住着豪宅，开着豪车。

所以，只有为了上文所说的那些“心中的自由”而去奋斗的人，才需要去努力实现财务自由，才有可能实现财务自由。

1.3.5　如何实现财务自由

所有理财图书都会写到实现财务自由的标准原则，就是下列三项：

- 创造资产。
- 减少负债。
- 管理日常开支。

但是根据笔者的观察，要实现上述抽象原则，在现实生活中需要“过五关，斩六将”。

1．第一关：不被房产这个游戏消灭

“不被房产这个游戏消灭”是指在阅读本书时，你已经在自己将来打算定居的城市拥有一套或以上房产，且没有高额房贷。

对于前者，通常你需要早几年就完成了房产布局。在经过 2015—2016 年的疯狂上涨之后，如果这时候再入市，就很可能被房产这个游戏消灭了——“消灭”就是指终结你实现财务自由的念头。

很显然，对于一个在一线城市打拼的外地人而言，其实现财务自由的难度要远大于本地人尤其是拆迁户的后代。

如果你说，我租房一辈子，不是也不会被房产这个游戏消灭了吗？

但在笔者看来，租房与财务自由的理念是相悖的。首先，租房就意味着新增一笔不确定的开支。房东每年可能会涨价，而这方面中国的法律欠缺对于租客的保护。其次，租房无法给人一种生活上的安定感。尽管租房本身要比买房更为自由——这意味着你可以随意搬到自己想住的地方，然而同样由于社会上对于租客的歧视和保护上的欠缺，导致房东可以因为出售房产而随意终止租约（即使支付违约金）。如果没有基本的安定感，又如何去追求自由和理想呢？

而且，如果你组建了家庭，即使一开始对方同意租房结婚，随着时间的推移，尤其是你拥有很多资产时，买房的事宜必然会提上日程。很难想象，你的配偶会容忍你能够坐拥产生大笔被动收入的资产来源却和你甘于在出租房里养育子女，承受日后拖家带口颠沛流离的风险。

2．第二关：创造足够多的主动收入，积累财富

在居有定所的基础上，接下来就是要保证主动收入的规模。

究竟多高的收入，积累多大一笔财富，才能达到财务自由的门槛？这是因人而异的，主要取决于目前和将来预期的家庭收支状况。所以，完全掌握家庭目前收支并能对将来做出预测，是实现财务自由必不可缺的条件——否则，你的财富积累将永无止境。

另外，根据笔者在上文中的观点，如果你想要依靠“创业”作为自己实现财务自由创造主动收入的途径，那就需要把心态摆正，意识到创业的根本目的是什么。

比较有趣的是，“自由职业”能否作为创造财务自由所需要的主动收入的方式呢？在笔者看来，自由职业是一种很特殊的生活状态——从事自由职业的人大体上应该是喜欢自己做的事，因为他们不需要看老板脸色却能每天坚持干活。在这种状态下去追求财务自由，其实并无太大必要，因为就算实现了，自由职业者们可能还是出于热爱而继续从事原来的事业；对于这些人来说，只要做好基本的理财规划就足够了。而且，“财务自由”的核心就是“自由”，也就意味着即便实现了它，你还是可以去选择继续从事自由职业。简言之，对于大部分自由职业者，无所谓什么“财务自由”。

3．第三关：创造尽可能多的被动收入来源

- 闯过了前两关，已经很不容易了。这时候，在你已经开始不断取得并掌控主动收入的同时，你就需要同时不断去开拓被动收入的来源。

下面不完全列举了各种可能达成财务自由的被动收入来源：

- 出租物业。
- 各类理财产品预期收益。
- 股息、基金分红收入。
- 实物贵金属增值部分。
- 图书写作、摄影摄像作品、音乐绘画创作等带来的版税，以及专利费等收入。
- 来自博客或网站的广告收入。
- 退休金。

笔者并没有把投资股票、外汇、期货、现货贵金属、纸黄金白银等收入列入“被动收入”的范畴。这是因为这些活动仍然需要你高度投入，其投入程度甚至不亚于你自己的工作。

从上述各类来源可以看出，要实现更多的被动收入，除了要了解多种理财渠道(也就是把鸡蛋放在多个篮子里)之外，还可以通过发展自身各类特长，来为将来打好基础。

4. 第四关：不要有任何攀比、炫富心态

假设你已经拥有了自有房产且无贷或少贷，并且已经有了持续的主动收入和被动收入，那么接下来的一关就更难：你要让自己的心态始终宁静淡泊，不参加到身边的人彼此攀比、炫富的阵营中。

一个实现财务自由的人，在生活中必然是相对低调的人。唯其如此，他辛苦积累的财富才不会因为攀比和炫富而轻易流失。

但是在我们所处的社会，很多人都喜欢讲面子、讲排场。其实这么做也无可厚非，因为人各有志，在那些人眼中，面子和排场很重要。但是，如果立志于财务自由的你，在他们的面子和排场面前迷失了自己，也要跟风去追求这些东西——那么你的财务自由之路，也会就此戛然而止。

当然，不攀比、不炫富完全不意味着让你去过节衣缩食、苦行僧般的生活，

而是让你理性规划自己的日常支出，制定家庭财务预算方案，并遵照执行。本书将在第 6 章中详细对此进行介绍。

5．第五关：拥有高超的财商

当你披荆斩棘，历经艰辛闯过了前面几关之后，你要做的就是统帅你手中的军队，向财务自由这个目标发起总攻了。

笔者常常把手中用于调遣的现金和资产想象成千军万马。能否调动这些人马实现最大化的目标，尽可能避免伤亡，时刻保持士气，这就是财商所需要解决的范畴。

通过制订周密的家庭财务计划，并付诸实施；灵活调配不同的理财资源；时刻保持对经济环境和大势的敏感；在任何情况下都保护自己的本金——财商是你能最终实现，并且保持财务自由状态的重要保障。

财商不像智商和情商，完全是可以后天培养的。所以，一个立志实现财务自由的人，就应该从阅读本书开始，不断致力于提高自己的财商。

综上所述，通往财务自由的道路上横亘着以上五关，还有六员大将——房产、主动收入、被动收入、攀比心态、炫富心态、财商在镇守。你能顺利闯关吗?

第2章

“穷爸爸，富爸爸”的四象限迷局

也许你在阅读本书前，已经看过或听说过很多年前风靡亚洲的《穷爸爸，富爸爸》系列丛书。本章就从这套丛书所宣传的理论出发，探讨一下理财中不可或缺的“主动收入”这件事儿。

2.1 四象限的文字游戏

《穷爸爸，富爸爸》一套系列丛书洋洋万言，其理论是建立在一个简单的模型基础上的，那就是EBSI四象限。

2.1.1 EBSI四象限的基本含义

所谓ESBI四象限，即主要从财务收支角度向将各类人群分成四个象限：雇员（Employee，简称E）、自由职业者（Self-employed，简称S）、企业所有人（Businessman，简称B）及投资者（Investor，简称I），如图2-1和表2-1所示。

图2-1　EBSI四象限

表 2-1 ESBI 四象限

E（Employee）象限代表雇员，特点是你为别人工作，用时间换金钱。《穷爸爸，富爸爸》认为，这类人只能用一份时间换一份金钱，没有时间自由。上班几十年到退休的时候，收入反而更少了，所以，也无法实现财务自由。如果赶上经济不景气、公司裁员、人际关系恶化，就有可能失去自己的工作，所以，这个象限也是最没安全感的象限，需要确定性来平息心中的恐惧	B（Businessman）象限代表企业主，特点是你通过建造、拥有一个系统来放大你的时间，利用他人的时间和金钱为你服务，比如特许经营权。《穷爸爸，富爸爸》认为，这个象限可以获得时间和财富的自由，随着年龄的增长，收入成倍增长
S（Self-Employed）象限代表自由职业者和小生意人，特点是你为自己工作，同样需要投入自己的很多时间来换取金钱。在这个象限里也没有时间自由，只能喘息，不能休息。而且高收入还需要伴随高支出来支撑门面，吸引更多人来跟他们合作。所以，《穷爸爸，富爸爸》认为，这个象限的人成功比不成功更可怕，更难实现财务自由	I（Investor）象限代表投资者，特点是用金钱创造金钱，拥有时间自由和财富自由，让金钱为你工作。《穷爸爸，富爸爸》认为，I 象限是真正达到财务自由的人所处的象限，因为在这个象限中，投资者派遣在他手中的钱到他所选择的投资标的物（如股息、红利、房租、利息等）去替他赚钱
以上两类，也就是四象限中的左栏，被认为是在出租自己的生命，用自己的时间、体力、技能去换钱。就像提桶去担水一样，永远只能用有限的时间去创造有限的财富	以上两类，也就是四象限中的右栏，被认为是拥有自己的生活，通过投资系统来积累资产。就像修建自来水管道一样，利用稳定的系统让有限的时间倍增无限的财富

综合上述，对不同象限特点的揭示，《穷爸爸，富爸爸》鼓励财商比较高的人探索如何才能生活在右象限。

那么，作为《穷爸爸，富爸爸》的基石理论，四象限的划分有没有道理呢？

在笔者看来，这套看上去高大上的理论，也许能用来解释《穷爸爸，富爸爸》的作者罗伯特·清崎先生那个年代的社会现象，但就我们目前所处的社会而言，早已显得牵强附会、不合时宜。我们从以下几个方面来分析。

2.1.2 不同象限中的人往往存在竞合

最常见的竞合就是 E 象限和 I 象限的竞合，并且以 E 为主。随着理财思维的逐渐普及，在本书开头就提到，很多人开始动脑筋把自己的银行存款“搬家”，用于购买各类金融理财产品，或是投资股票、房产；但与此同时，他们的主业仍然是打工一族，仍然需要朝九晚五或晚六的上班。

特别是在一线城市，中产阶层的相对高收入让他们足以产生可以用于理财的收入。在这个时候，谁不愿意用钱去生钱呢？假设一个高级打工仔每个月工资收入 5 万元，理财收入 1 万元，你说他是生活在左象限还是右象限呢？

还有一种可能性，就是现在越来越多的公司采取了 ESOP（Employee Stock Option Plan，员工持股计划），以此来激励员工的积极性，培养员工的忠诚度。一个参加 ESOP 的员工，可以持有公司一定数额的股份，成为小股东，分享公司成长中产生的红利。这也是一种典型的 E 象限和 I 象限竞合。

E 象限和 I 象限的竞合，甚至还会出现以 I 为主的情形。笔者认识一个朋友，家族资产至少在十亿元以上，平时在股票里随便投资几百万元就跟玩似的。但他还是一样会去上班，做会计师，平时也要辛勤工作、出差。对他来说，手里用于炒股及其他投资的钱，是用来生钱；而做会计师，则是一份事业，甚至可以说是消磨时间的手段。你说他是生活在左象限还是右象限呢？

还有一种情况则是 E 象限和 S 象限的竞合。有些人虽然在 E 象限，但是他工作很清闲，完全不是清崎先生说的那么辛苦。于是他就会动脑筋去做一些小生意，比如很多白领会在晚上和周末开着私家车到小区门口摆摊，或是去高铁站、机场开专车，来赚取一些外快。还有一个知名人物叫当年明月，当年作为一个广东顺德海关的小公务员，在上班时间写了畅销书《明朝那些事儿》，成为一名兼职作家。

笔者还见过一种 E 象限和 B 象限竞合。其特点就是，原来作为企业主，之后向投资方出售企业的大部分股权，但自己仍留在公司担任管理层。在这种情况下，原企业主既持有公司的较少数股权（如 30%），仍算是公司的所有者，同时也受到大股东的雇佣。所以，也是拿着两份收入乃至三份收入——管理层薪水、股权分红，以及收购对价中视公司收购后表现而支付的那部分。

另外，作为 S 象限和 B 象限中的人，只要有闲钱，很自然也可能用于投资理财，因此 S 象限和 B 象限分别都可能与 I 象限竞合，此处不赘述。

2.1.3 不同象限中的人赚钱多寡、是否有财务自由与象限本身无关

一个在余额宝中放着1000元、每天收取一毛钱利息的穷学生，与一个月薪5000元的白领相比，谁更有钱?

一个开着淘宝小店做点小生意，每月收入5000元的自由职业者，与一个月薪10000元的白领相比，谁更有钱?

一个经营勉强度日，甚至连年亏损的公司的老板，与一个月薪100000元的金领相比，谁更有钱?

清崎先生没有考虑到的是，同样是雇员、打工族，单位时间产出的效率，可以完全不同。大家都是朝九晚五或者晚六，但有些人拿着两三千元的工资，有些人却拿着两三万元的工资，有些人甚至更高。原因是什么？劳动者投入的脑力、智识、经验、能力存在根本差别。由于这种差别的存在，导致“一份时间换一份钱”的说法失去了意义——因为有的人一份时间只能换一份钱，但有的人可以换十份钱，甚至一百份钱。

清崎先生还没有考虑到的是，I象限里最关键的事情不是“钱生钱”，而是“钱生钱的数量”。就如同本书一开头所举的例子，如果按照投入资金中位数3万元来看的话，即使算上45年的复利，也不过得到不到100万元的钱，还不如有些金领一年的收入。广大老百姓在余额宝之类的货币基金所投资的钱更是掀不起任何波澜。如果真想达到可观的“钱生钱数量”，也就是清崎所说的“财务自由”的程度，那么就如之前笔者所分析的，必须做到“过五关斩六将”，可不是那么容易的事，现实中能依靠自己的力量完全实现的（而不是笔者所说的食利者阶层）几乎是寥寥无几。

清崎先生也没有考虑到的是，B象限的人同样是在走钢丝，步步惊心，其拥有的安全感一点不比E象限的人更高。只要经营决策一有失误，如盲目扩张、资金链断裂，就可能满盘皆输；如果经济大环境不景气，同样会导致营收锐减，最后企业破产关门。典型的一个例子就是诺基亚，曾经作为手机

业界的绝对王者，后来却因为种种错误决策，导致没几年就从顶峰直线跌落，现在已经是无比落魄。吴晓波在《大败局》一书中也描写了无数“中国式失败”。所以，B 象限就一定等于财富自由吗？

2.1.4 不同象限中的人是否有时间自由也与象限本身无关

笔者在之前关于财务自由的章节中，提及了李嘉诚的例子。事实上，根据笔者多年的见闻，在 I 象限之外其他三个象限中最忙碌的恰恰是 B 象限的人，他们完全没有清崎先生所想象的那种“时间自由”。

中国的大多数中小型私营企业，老板往往直接负责生产经营，并没有实现所有权和经营权的分离。因此，老板需要时刻冲在最前线，生产、质控、市场、销售、人事、财务样样都要操心。在这种情况下，他们不但没有时间自由，而且也根本不需要什么时间自由。每天睡觉时间不到 5 个小时；到了退休年龄还要事事躬亲不敢让子女继承；双休日也都在跑业务跑应酬——这些就是笔者所见到的 B 象限中的人的生活实况。

能够支撑他们的，不是对于财务自由的憧憬，更不是对于所谓“建造系统、放大时间”的憧憬——支撑他们的就是他们看到自己的产业，就像自己的孩子那样被一点点拉扯大，茁壮成长的那种充实感、成就感和喜悦，事业就是他们的全部。

而在 E 象限呢？只要不是特别忙碌的公司和行业，都会有自己的业余时间，也有正常的双休日和节假日。下班回家可以陪伴家人，也可以发展自己的兴趣爱好。笔者也曾经有过要自己创业的想法，但一想到一旦进入创业状态，就会彻底失去业余时间，也不免打退堂鼓。

S 象限中的人，生活状态则因人而异。有些淘宝店主在发展出一套体系之后，也不用整天守在线上，只要到时点安排发货就可以。有些自由职业者（如翻译、专栏作家）则是忙的时候忙，闲的时候闲。如果这样还不叫时间自由，那什么叫时间自由？

至于 I 象限——如果真的是已经达到了财务自由的 I 象限的话——那确实

有着时间上的完全自由。但正如笔者所说，除了食利者阶层能拥有暂时的自由之外，其他各行各业想到达到真正意义的财务自由，基本是凤毛麟角；即使能达到，也是生活中的绝对强者，这样的人必然不甘寂寞，会把自己的时间投入到各种事业，最后也无法完全享受“时间上的自由”。

说到底，除了完全进入退休状态的老者，一个处在生命中精力旺盛时期的中青年人，去追求“时间自由”，真的好吗?

TIPS

问题的关键，不在于你能否自由地掌控自己的时间，而在于你是否在从事你感兴趣的、愿意为之付出时间的事业。

如果你正在从事你感兴趣的、喜欢的甚至是热爱的事业，你还在乎你有没有足够的业余时间吗？就好比S象限中的一个歌手、钢琴家、演员，一旦要举行连场演奏会、拍摄电影连续剧，就忙得废寝忘食，一点私人时间都没有。但他们会觉得这种没有“时间自由”的状态像清崎先生所说的那么可怕吗?

如果对上面问题的回答是否定的，那么你最应该做的不是去想着虚无缥缈的“时间自由”，而是努力去探寻你愿意为之付出时间的事业。

2.1.5 我们应该生活在哪个象限

一个人应该生活在哪个象限，完全不应该从这个象限是否能够给这个人带来“财富自由”还是“时间自由”的角度出发——这完全是本末倒置。一来，上文已经分析过，无论财富自由，还是时间自由与象限本身并无直接关联；二来，“自由”的含义远远不是指每天穷奢极欲、纸醉金迷、花天酒地，而是指赋予人生命的可能性；但一切可能性，最终还是需要落实到某些具体的、适合你自己的事情上。

根据马斯洛的需求层次理论，每个人在满足了基本生理、安全需求后，都会产生进一步的需求，如彼此之间的尊重、情感上的满足乃至自我实现、自我超越。因此，每个人都应该思考，自己希望去做的事情是哪些，适合自己去做的事情是哪些；在这个基础上，再确定真正适合自己生活的象限（根据上文所说，还可以同时处于两个以上的象限）。

例如，如果一个人天生爱闯荡，又具备当老板的各种素质（在之后章节中会详细论述），那么他就不应该甘于待在 E 象限，每天拿着固定的工资，过着两点一线、千篇一律的生活，而是需要努力去开拓 B 象限的生活。

又如，如果一个人不喜社交，只爱埋头钻研，喜欢写东西远胜于和人讲话，那么他就适合待在 E 象限，做一个研究员、程序员、文职白领。这样的人如果要他去追求 B 象限生活，去当老板，那可是要了他的命了。

再如，一个 E 象限或 S 象限的人，有了点小钱，就整天幻想财务自由，想通过高复利早日实现财务自由，从而在 I 象限生活——结果却把本金都赔了进去。对于这样本金并不充裕的人，就应该先老老实实待在 E 象限或 S 象限，把雪球滚大以后，再逐渐跨界到 I 象限——至于完全移民到 I 象限生活，这种念头最好轻易不要有。

古希腊伟大的哲学家苏格拉底曾在与朋友欧绪德谟的对话中提到，在德尔斐神庙的入口处，也就是进入神庙的必经之路上，刻着一段铭文：认识你自己（gnothi seauton）。苏格拉底认为，人应该时时审视自己，认识自身心灵的内在原则。人并不是生来就符合自己的本性，而是需要通过理性的指导去认识；未经理性审慎的生活，是没有价值的。

同样，如果你只是看过《穷爸爸，富爸爸》之后，就对自己所处的 E 象限或是 S 象限长吁短叹，做梦都想早点进入 B 象限或 I 象限的生活，那你就很可能并没有认识到自己。一个人应该生活在哪个象限、能够生活在哪个象限，这个问题，只有他自己能回答。

2.2 提高主动收入的方法论

尽管生活在哪个象限是一件因人而异的事情，但对于有着理财需求乃至财务自由梦想的人而言，自然还是想要知道怎样才能达成自己的目标。笔者认为，理财也好、财务自由也好，都是在讲述如何创造被动收入，最关键的还是——如何提高自己的主动收入。

2.2.1 四象限背后的关键

在笔者看来，四象限背后的关键就是如何提高主动收入。对于E象限，那就是工资收入；对于S象限，那就是自由职业收入，对于B象限，那就是企业的营业额和利润；对于I象限，那就是用于投资的本金。

本金才是理财的关键，更是实现财务自由的关键。尤其对于工薪阶层而言，有一份相对较高的收入，才是你谈论“理财”这个话题的根本，才让你拥有了进入理财门槛的资格。如果没有高收入，那么再高的收益率，也无法让你变得富有，还反而会让你掉入庞氏骗局的陷阱，或是在股灾中赔得血本无归。

所以，如果你是一个资质不错的工薪阶层，那就要积极努力地去提高自己的能力和表现，争取加薪，而不是把大量时间投入在钻研哪种理财产品能让你一夜暴富。而对于自由职业者和企业经营者来说，努力提高主动收入和专心致志投入自己的事业也是相辅相成的。

对于那些“降低主动收入比重、提高被动收入比重，以实现财务自由”的说法，只对极少数靠近财务自由边缘的人才有效，而对于绝大多数人来说，是不现实的。在你的主动收入还很可怜的情况下，你有什么资格去谈降低主动收入比重？没有可观的主动收入，你拿什么来获取被动收入？

2.2.2 行业与收入

中国人力资源公会曾经发布过一份 2015 年企业校园招聘开出的薪酬待遇一览表，基本上涵盖了目前知名企业对应届生招聘提供的薪资待遇，如表 2-2 所示。

表 2-2 2015 年企业校园招聘薪酬待遇一览表

公司名称	行业	应届生平均薪资
百度	互联网巨头	13000 元每月，每年发 14.6 个月工资（简称 13k*14.6，下同）
阿里巴巴	互联网巨头	（13k ～ 18k）*15
腾讯	互联网巨头	（12k ～ 14k）*16
网易	门户网站	（11k ～ 15k）*14
搜狐	门户网站	（13k ～ 14k）*14
去哪儿	在线旅游网站	（13k-14k）*14
完美世界	在线游戏	（9k ～ 14k）*13
民生银行	银行	（12k ～ 14k）*13
中国银行、农业银行、工商银行、建设银行	银行	税后年薪 15 万～ 17 万元
思科	计算机	（12k ～ 15k）*13
华为	计算机	（10k ～ 13k）*14
西门子	外资家电	（7k ～ 11k）*13
宝洁	外资消费品	（8k ～ 12k）*14
J.P. Morgan	投行	（20k ～ 23k）*13
高盛集团	投行	66 万港币起
麦肯锡 / 波士顿 / 贝恩	咨询公司	18 万～ 19 万元
申银万国	券商	（9k ～ 11k）*13
招商地产	地产	（9k ～ 11k）*13

进入以上公司，就意味着一毕业就可以享有将近 15 万 ~ 20 万元的年薪。上述这些公司也代表着中国目前的大多数热门行业：互联网、金融、地产、

电信、投行、咨询、外资消费品等。

进入上述行业和公司，几乎就相当于捧起了金饭碗。在起点很高的前提下，只要不犯错，主动收入就会随着资历的提升而水涨船高。更重要的是，在这些行业中的人往往都是他人所羡慕的对象，能够拥有较高的成就感。

TIPS

这些行业和公司的岗位远远供不应求。根据微观经济学的供需理论，正是这种供不应求，才导致了劳动力价格大幅上涨。

用一个例子就能说明这种供不应求的程度。笔者在上述行业中的某个公司担任中高层职位，经常需要招聘一些应届生。而在笔者每次发出招聘通告时，就会在短短一周内收到近百份简历——这还是在笔者把招聘范围限制在985大学的前提下。而这些简历中，也不乏绩点极为出色（专业排名前五甚至第一）、实习和社会实践经验极为出色的学生。即便是精挑细选，最终也只能有1个人选。而这个人选还需要经过几个月的实习，来证明其适合这个岗位，否则也一样要被淘汰。

这就是我们社会的残酷现实。高收入行业和公司能提供的岗位是很少的；而社会上各种正规和非正规机构所培养的就业人群（即使是对口的互联网、金融等专业），则极其庞大。

所以，如果你刚毕业的时候并未进入这些行业和公司，你所想的不该是如何去争抢这些极其有限的职位；而是应该思考如何提升自己现有的水平和能力，在目前的处境中发挥出最大的能量。

下文就会在此方面提供一些方法论。

2.2.3 爱好与收入

以下情况是很常见的：一个人喜欢看书、听音乐、旅游等，但是他却拿着相对低微的收入。他时常会想：我也不是一个无趣的人，有着各种爱好。

但我如何才能利用自己的爱好，来获得或提高自己的收入呢？

对于这样的人，首先你要明白什么是“爱好”。

爱好和享受并不一样。享受是人人都喜欢的，如美食、豪宅、旅游。就拿旅游为例，很多人会说“我的爱好是旅游”。那我问你，你到底是喜欢在工作之余出去散散心，住住豪华酒店，晒晒海滩，看看名山大川或者在美国奥特莱斯疯狂购物这种旅游呢，还是那种需要拍摄很多能给人欣赏的照片，回来撰写可供别人参考的游记甚至为了寻找新发现而不惜走冒险路途的那种旅游呢？

相信绝大多数人会选择前者。前者不是爱好，而是享受。

只有后者才有资格称为爱好。所谓爱好，就是你愿意为了它去付出（而不是获得），是去主动输出而不是被动接受，是在从事一项活动中，把你全身的智力、能力、精力都调动到最高水平，给予外界一种积极反馈的过程。

拿看书来说，很多人喜欢看的书并不是那些有深度的、给人灌输营养的书籍，如历史、哲学、经典文学、经济学、金融学、科普常识等，因为这些书看起来太费脑子，让人昏昏欲睡。他们所谓的看书，就是看畅销书、快餐文学等。

而这些书，无论有几十万字还是几百万字，做的工作实际上就是简单的“素材复制粘贴”，把大家喜闻乐见的元素拼在一起，加点修饰和编辑。看这种书，时间确实能消磨得很快，也能给人带来愉悦的享受——但却无法增加你的素材和知识面，即使看得再多，你也不会变成一个更好的你。

再拿听音乐来说，很多人喜欢音乐，但有多少人真正会去弹乐器、会去自己作曲？要知道，弹吉他的时候可是会把手指磨到生疼生疼的；弹钢琴可是需要日日夜夜苦练不辍的；作曲可是需要硬着头皮研究乐理知识的。很少有人能做到。他们只是在手机和电脑中下载了一些歌曲，会听会哼，就以为这是爱好了。

而你要知道，只有把一项活动上升到笔者所说的爱好的标准，才会让自身得到提高，你才会对社会做出一定的贡献。在这样的升华过程中，自然而然地，你就会取得相应的收入，或者是提高自己原来的收入。

上帝是公平的，只要你曾经有过付出，那么在未来的某个时间点，你很可能会得到回报。但如果你什么也不想付出，只是想着享受的话，那么得到回报的概率当然就会很低。

要判断自己的爱好所在，最好的办法就是看你能够在什么活动上愿意，并且能够给予持续的输出。“愿意”和“能够”是缺一不可的。如果你没有相应的能力，那自然无法从事这项爱好，更无法把它转化为你的收入。

笔者有一个朋友，从大学时代就爱好摄影。为了这项爱好，他也花了许多成本来购入各种长枪短炮，刻苦钻研摄影技巧和知识，在各种风餐露宿的条件下起早贪黑去蹲点守候。功夫不负有心人，在这一爱好中浸淫了十几年之后，他成为了一名业余摄影家，其作品经常参展，还可以承揽婚宴等活动上的拍摄，更是投资了私人航拍公司。

相比之下，喜欢拿着单反在各种景点摆 POSE 的人可是多如过江之鲫。但除了设备方面入了门之外，这些人的摄影技巧却不值一哂。因为对他们来说，拍照仅仅是一种旅游时的消遣，是一种附带享受，为这些去积极付出自己的辛勤汗水和宝贵时间，那可没啥必要。所以，很自然，他们无法依靠自己拍的照片来获取任何收入。

TIPS

一言以蔽之，所谓收入，就是社会对于你所贡献的价值的一种量度。

2.2.4 效率与收入

在营销学上，我们讲究产品的差异化（Product Differentiation），也就是说以某种方式改变原来同质化的产品，以使消费者相信这些产品存在差异而产生不同的偏好。

而对于一个劳动力而言，所谓“高效”，就意味着你能够在较短的时间内贡献出质量较高的成果。如果一个 E 象限中的雇员能高效地工作，那么无疑这让他 / 她能较容易地获得上级和客户的青睐，从而提升劳动力的价格。而对于 S 象限中的自由职业者来说，“高效”能使其在单位时间有更多的产出，不再是一份时间换一份钱，而是一份时间换十份钱乃至百份钱。

如何才能提高效率呢？这方面的著述论说早已汗牛充栋。但是笔者从自身经验出发，对这个问题却有着比较直接明了的见解。

在笔者小时候，家里就是一个不折不扣的赌场。每到晚上和周末，客厅里都会摆上两桌麻将。吆喝声，麻将牌稀里哗啦声，笑骂声，争吵声，不绝于耳。

而当时笔者所居住的老式房屋里，是没有单独卧室的，只能在阳台上学习，完全没有隔音设施。于是不得不面对这样一个事实：不论是要背诵语文、英语、历史，还是钻研数学、物理、化学，笔者都只能在这样的噪音中竭尽所能地集中精力，以不受其滋扰。

如果换了别人，可能已经自暴自弃。但由于从小有着极强好胜心，加上重点学校的压力，笔者只能奋然前行。最后，练成了以下技能：

- 在每局麻将进行过程中（噪声相对较小时期）以最快的速度解出数理化题目，或者背出一段课文。这样在之后的换局喧闹声中，便可以完成相对机械的作业。这其实就是优选统筹法。
- 排除一切其他因素的干扰。由于麻将的存在已经是极大的障碍，笔者的体系里不能容忍再追加任何其他干扰。所以，就养成了在复习功课时不做一切小动作、不开一切小差的习惯。当然，笔者那个年代还没有手机，所以，相对于现在的学生而言还算是幸运的——能够完全避免受到手机的诱惑。
- 长时间保持注意力高度集中的习惯。这种能力练到第九层以后，笔者终于达到了物我两忘的境界，叫声骂声麻将声，声声不入耳。这种逆天能力带来的副作用，是之后进入大学开始在图书馆看书的时候，反而忍受不了图书馆的静寂无声。

以上技能，不但给学习和考试带来莫大的好处，对笔者的工作也产生了极大的助力。尤其是在工作极为忙碌的时期，需要同时处理十几件事情的时候，效率的作用就尤为显现。

首先，通过优选统筹法进行时间管理，分清事情的轻重缓急。

其次，通过排除干扰法，最大化地利用时间，避免长时间加班导致身体技能下降。

最重要的，通过精神集中法解决所有疑难问题，同样也是避免低效导致加班——身体技能下降——更长时间加班这样的恶性循环。

对笔者而言，“加班”并不是一个褒义词。在挑灯夜战的背后，何尝不是低效怠工拖延的写照？所以，笔者的工作哲学是能不加班就尽量不加班，最大化地集中精神，以求高效、优质地解决工作中的问题。

再进一步说，如何进行时间管理、排除干扰、精神集中？

时间管理：首先，要求你对自己从事的每一项活动，都具备“时间估算能力”。这样你就能在一天中不同的时间段安排不同长度的工作。其次，最大化地利用所有碎片时间，以免你的时间白白流失而浪费。

排除干扰：工作时尽量远离吃零食、看手机及同事间的闲聊。这些事并不是不能做，而是可以专门规划出一段时间（与上述时间管理相结合），以作为忙碌间歇的调剂。

精神集中：这项能力需要较长时间地进行专门训练，而且与人的自我克制力、精力充沛程度乃至体力都密切相关。一旦炼成，将会让你受益无穷。

2.2.5 人脉与收入

所谓“人脉”，指的是信息交换。

也就是说，首先你要向对方提供对方觉得有用的信息。或者说，你首先要让对方觉得你有价值。然后对方才会跟你分享他/她认为有用的信息，或是他/她的价值。当然，时间顺序上可能有先后，但总体会遵循等价交换的原则。天下没有免费的午餐。

如果你只是在网上问“如何在最快的时间内赚到100万元”“如何赚到

第一桶金”这样的问题，你觉得你能得到有用的信息吗？你能得到人脉吗？你只会收到很多“如何在家日入斗金”的传销广告。

只有通过你自己贡献的信息交换而得到的有效人脉，才能在合适的时候向你提供最有用的信息。而如果你与对方之间不存在任何有价值的信息交换，只是单纯的酒肉朋友关系，那么这些人最多只会向你开口借钱，而基本上不可能给你带来任何收入上的提高。

再进一步说，如何把握住各种机会来积累有效的人脉呢？

TIPS

利用生活中的各种机会，多和对方分享你掌握的信息、知识、见解乃至各种兴趣爱好，对于你积累人脉会相当有好处。

有时，你平时所积累的那些不起眼的冷知识、生僻爱好，却可能引起对方的共鸣，从而建立并巩固和对方之间的纽带。这就是上文所说的“信息交换”。任何信息都有它的价值。

例如，笔者曾与一家英国公司的老板初次会面。在闲聊时他偶尔提到，自己在中国看英超联赛很不方便。笔者恰好是一个英超迷，平时通过各种网络资源观看英超可谓是得心应手。于是就跟他分享了我掌握的这些信息，一下就拉近了和他的距离，甚至还促成了公司上的业务。

具体到本书所说的理财方面，我们所说的人脉特指“能带来财富的人脉”，换句话说就是“对方对理财投资也有兴趣并有钻研”。

因此，如果你把理财投资变成自己的兴趣，也在这方面有自己独特的见解，那么对方自然会愿意和你分享信息，从而成为你的人脉。

所谓养兵千日，用兵一时，如果你注重平时的积累，那么需要的时候必然能够厚积薄发。

2.3 要不要自己当老板

曾经有人调侃，现在的年轻人当中流行着四大俗：从小有个音乐梦、辞职开间咖啡馆、改变世界要创业、放下一切去旅行。

仔细看看这四大俗，四句话里有三句话和辞职有关，两句话和创业有关。只有音乐梦似乎还不算太激进，但如果一个人想要从零开始自学钢琴到专业级别，那么似乎也只有辞职苦练这一条路。

所以，尽管笔者在上一节中苦心孤诣地指明了提高主动收入，尤其是在职收入才是理财的根本要义，但笔者理解广大读者还是早已被日复一日的枯燥上班生活磨平了棱角、磨光了激情，时时想着要跳出这个围城，去闯荡、去创业。

笔者身边也有不少同事曾经和我描述过他们的创业梦。但直到现在，他们还是只能在格子间干活，梦想被掩埋在整堆整堆的 A4 纸中间，一点气也透不过来。

虽然，笔者目前也只能和这些人同呼吸共命运，但由于工作性质的原因，笔者也接触过不少创业已久的成功人士。本节笔者就与大家分享一下对于创业的见解。

2.3.1 创业并不容易

在金庸的笔下，主人公常常有着旷世奇遇，并且凭着这奇遇练成了绝世武功。比如张无忌在白猿肚子里发现了九阳真经，结果不但误打误撞打下了极为深厚的武学内力根基，还借此治好了玄冥神掌种下的寒毒。又如郭靖先是遇到当世五绝之一的洪七公，得其传授盖世绝学降龙十八掌；后来又被周伯通蒙骗背下了九阴真经，这运气可以说是完爆书里其他任何人。

而我们的社会上也有很多人，幻想着自己能有这样的运气，一夜之间创业成功，走上人生巅峰。在互联网风潮的鼓动下，很多人相信“站在风口，猪也能被吹起来”的传说，热衷于寻找他们人生中的“白猿”“洪七公”——也就是创业投资或天使投资，以及“周伯通”——也就是 A 轮融资。有一个说法：有了创意就有天使投资，有了产品和团队就有 A 轮融资，有了初步业绩就有 B 轮融资。

被这样的思维推动着，再加上经济不景气导致的裁员、就业困难、辞职，导致很多人或主动或被动地走上了创业的道路。据不完全统计，当下中国，平均每分钟就有八家公司创立。

如果你想要走上创业的道路，并为此辞职或者放下一切——完成前面的事情（辞职等）其实并不难，要启动创业也很容易——但创业最终失败要比启动创业更容易。

绝大多数创业者，由于缺乏规划、素质或现金流，往往无法坚持超过十二个月的周期。90% 以上的创业者最后都会以失败而告终。绝世武功可不是那么容易练成的，人生中的“白猿”“洪七公”也是很稀有的。

2.3.2　一个创业成功者的故事

笔者身边有一个原来并不起眼的同学，却非常出人意料地取得了创业的巨大成功。

这是一个类似于郭靖当上武学宗师的故事。这个故事从每个中国人生命中最值得回忆的时代——大学时期开始。

对于中国学生而言，尤其是那些立志考上名牌高校的学生而言，高考之前的人生完全是灰色的：眼前只有黑色的黑板和白色的练习册、书本和考卷。好不容易逃离了高考的魔爪，成功上了名牌大学，这些人（尤其是文科学生）就像出笼的猛兽一样，往往会纵情娱乐。这是笔者在一所 985 高校求学期间亲眼所见。

大学四年是人生当中唯一的自由自在无拘无束的四年。这种比黄金还宝贵的时期，一个正常人是喝不下鸡汤的。只有在走上社会以后，有些人才会后悔当时在学校里浪费了太多青春。

而笔者的一名室友 W 君，则是一个非常奇特的异类。

W 君总是留着长长的、蓬乱的头发，架着一副至少在 800 度以上的眼镜，似乎从不剃须，脸型瘦削，与小沈阳非常神似。与人说话时，脸上总是带着诡异的羞涩笑容，而且语速总是急促而激昂。他不自闭，也不讨厌与人交流，但他更愿意把时间花在西方文学殿堂的遨游之中。

他并不像那些用功的学霸——他看的都是课外书。他不参加任何文体活动。他把所有时间都花在和莎士比亚、巴尔扎克、陀思妥耶夫斯基等人的精神交流上。

就是这样一个与世无争、默默无闻的书呆子，如果你在当时告诉我，他将在 15 年后成为一名老板和社会名流，收入是所有同学的好几倍乃至几十倍，我一定不信。

这种只有在武侠小说里才有的情节，却在生活中真实上演了。

成功的奥秘很简单：老实、专一；再加上机遇。一如郭靖的成长史。

首先，由于 W 君在本科和研究生期间坚持不懈地读着莎士比亚、雪莱、济慈、萧伯纳、简奥斯汀、狄更斯、菲茨杰拉德、马克·吐温、雨果、巴尔扎克、托尔斯泰、陀思妥耶夫斯基等人的原著（或英文译著），他的英语文学鉴赏功底很厚。

其次，光是这一点还无法使其成功，因为“文学鉴赏”在一般人的理解中也就是勉强喝西北风的程度，写点文学批评糊糊口可以，如果说收入或社会地位上要完爆那些金融互联网从业者，还是属于痴人说梦了。但他的成功在于，找到了一个完全能释放他能力的渠道：那就是 SAT 出国留学考试。

大家知道，近年来社会上的英语培训机构、出国培训机构可谓多如牛毛，良莠不齐，鱼龙混杂，熙熙攘攘如过江之鲫。

但是前几年 SAT（相当于美国的高考）却做出了一项变革，更注重考核考生们的文学素养。这下，那些培训机构就慌了。因为这些机构几乎都有一个共同点：只培训语言的工具功能，缺乏任何文学功底的教育。那些培训师自己可能都没读完过任何一本完整的原著，又怎能指望他们去指导学生、给学生注入文学欣赏的功力？

但 W 君读过的英美文学专著，那完全可以用汗牛充栋来形容。不夸张地说，在他所在的这个一线城市，虽然完全不缺各类人才，但恰恰像他这样的人寥若晨星。能按捺住浮躁的心，静下来读书已属不易，更何况像他这样读文学读到极致的人？

这就是 W 君的核心竞争力。

所以，在研究生毕业做了两年助教以后，W 君就跳槽到了一家知名出国培训教育机构。这家教育机构的老板，就是 W 君生命中遇到的“洪七公”——他极为重视这个难得的人才，并结合当时 SAT 改革的思路，将 W 君培养成了他们机构的王牌。

另一个机遇在什么地方？那就是中国这几年愈演愈烈的移民潮和出国读书潮。

大家都知道，要想移民到加拿大、澳大利亚这些地方并不是特别难，但移民美国可不是那么容易的事情。以前要想去美国留学，GRE 考试、GMAT 考试是为数不多的出路。而通过这些渠道去美国的，都是对奖学金望眼欲穿的学霸。通过 SAT 考试去美国读本科的，由于费用不菲，因此，有着这样需求的往往都是富二代。

这就决定了 W 的核心客户群几乎全都是高净值客户。

而且，富二代及其家长啥都不缺，就缺情怀。对于这样一位有着丰富人文素养、温文尔雅的学者型培训师，怎能不追捧？

很快，W 君就具备了单飞能力，脱离了原来的培训机构自立门户。他的收入很快就上升到年入几百万元的级别。每周日程安排得极满，穿梭于上海、北京、香港，经常受邀发表演讲或接受采访。

在笔者所在的 985 院校中，尽管强手如林，也不乏其他创业成功案例，但 W 君仍可称得上是佼佼者。

2.3.3 创业成功的奥秘

W 君的奇特创业成功故事，究竟说明了什么？

（1）笔者描述其创业成功只用了短短一段话，其他的全是铺垫。这就说明，这个世界上成功的创业，有很多都是水到渠成的事情。就像郭靖有了那么多奇遇之后，来到华山论剑，和当世成名的绝顶高手战得不分高下——金庸并没有在之前描述他为这场华山论剑做出多少艰辛的准备和努力。因为有了之前那些深厚的积累，后面发生的事情就是顺理成章了。

所谓创业，就是一个人在人生的某个阶段，把自己迄今为止积累的所有学识、能力、资源、财富的一次性总兑现。风口上真能让猪飞起来？能飞起来并且不摔下来的，必然有着一双轻盈的翅膀。

（2）那么如何做到这样的水到渠成呢？那就是一定要有自己的核心竞争力。自己的核心竞争力，最后会变成你的产品、你的服务的核心竞争力，这样才能在残酷激烈的竞争中脱颖而出。而这种核心竞争力的养成，绝非一朝一夕之功——即便是张无忌有着白猿肚中获得九阳真经的奇遇，他也修炼了好几年才神功大成。

TIPS

说得极端一点：只要你坚持不懈地做自己最喜欢的事情，一条道走到黑，那么有朝一日必然会有用武之地。

但如果与此相反，你并没有拿得出手的竞争力呢？现在有很多人，只是有了一个 APP 的创意，就敢于辞职创业，站在风口上期望着被吹到九天之上。这样的创业有多少成功的可能性呢？

（3）机遇是留给有准备的人的，但你也要能够抓住机遇。如果你认为，你已经具备了核心竞争力，那就应该果断做出选择，让人生的列车驶上不同的轨道。畏惧错误、逡巡不前，就是毁灭进步。

（4）人生充满了大起大落。在 W 君的大学时代，他是如此不显眼，总是在被人遗忘的角落里面默默读书。那么，这本书的读者中，是不是也有这样的你呢？如果你能够把自己任何擅长的、爱好的事情发扬光大，那么你也有可能会迎来自己的高峰，让以前那些嘲笑、漠视你的人不得不正视甚至仰视你的存在。

2.3.4 老板需要具备哪些素质

现在的互联网创业潮中，很多人年纪轻轻就当上了 CEO 或是老板。那么要判断他们能否成功，除了上文所说的是否具备创业的核心竞争力之外，还能从“一名老板所需要具备的素质”的角度去衡量。

就笔者工作中所接触到的各种老板、CEO 而言，他们具备着一些很容易觉察到的共同特质。

1. 事业的重要性远大于休息

具体表现在：他们会把所有心思放在自己的工作上，即使是休息时间。事业对他们来说就是心灵的寄托，而不需要专门的休息。

这其中又分中西不同的区别：

对于西方人及中国的外资企业来说，邮件就是他们工作的主要媒介。因此，这些老板们都会每隔一段时间（以分钟计）就看一下自己的工作手机，看看有没有新的邮件进来，如果有邮件就会在很短时间内回复，即使在休假期间也是如此。这就是他们和一般工薪阶层的最大区别——对后者来说，如果出去休假，那么工作上的事情就应该全部抛到九霄云外。对老板们来说却完全不是，因为工作早已成了一种生活习惯。

而对于中资老板来说，他们的工作方式就是主要靠加班。平时一周最多休息一天，星期六必然在厂里加班加点。对他们来说没有加班的概念。他们一天 24 小时只要醒着就是在上班。他们的饭局、应酬也是工作的一部分。

他们的私人时间很少很少，基本上不会去做任何普通工薪基层消磨时间的事情，如刷朋友圈、追韩剧、逛街等。

为了做到上述这些，作为老板必须精力充沛，可以应付连轴转、连续好多天只睡四五个小时这样的生活。

2．识人、用人有自己的独特之处

老板对待下属的方式可以是千差万别，但万变不离其宗的就是识人、用人。老板们都会发掘出自己的得力干将，并着力培养，让他们对自己死心塌地。

说到底，老板是资本拥有者，人才使用者。他们的特点是就算自己不懂，但只要用对人就可以。无论什么专业技术，他们都可以用资本进行外包。所以，很多搞外贸的老板不懂英文，是很正常的现象。

但这也不意味着你啥都不懂，只要有资本就能当老板。所有的老板，都必须对自己的行业特点了如指掌。这样他们才能知道什么地方该花钱，什么地方该省钱。至于财务会计、销售、技术、质控这些，可以交给专业人员。

3．高超的营销能力和口才

想当老板，你的嘴皮子必须好：要有谈判能力、忽悠能力、号召能力。要团结下属礼贤下士。这些说到底都靠口才，而且还远远不止学校辩论队那种只会诡辩的口才。

笔者是从来没见过一个口才不好的人能成为老板或CEO的。即便你技术能力、专业能力再好，如果口才不好，只能为人所用，而不能用人。

就算是那些学历很低的老板，他们的口才也都是一流的。在纯朴的带有方言口音的话语中，能与对方冷静地谈判，能迅速归纳总结自己得到的信息，能体现出人生处世的智慧。

有一个很简单的测试：给你一个产品或服务，你能不能立刻即兴发表一篇演讲来说服客户买你的产品和服务？如果可以，那你就有当老板的潜质。

4. 融资能力

光有钱，不会融资，我们管这种人叫啥？白领。或者至多是小摊贩、小店店主。

在实业领域，如果一个老板不会融资那是很难想象的。融资能力是实业领域老板的最重要能力，没有之一。详细展开的话有以下几个要求：

- 你要有渠道可以融到资。像温州人那样抱团是一个办法（每家每户都出几十万元，汇总成几亿元）。你有银行和大财团的关系也是一个办法。
- 你要有足够的忽悠能力，也就是第三点说的口才，来说服别人把钱借给你。那么多互联网创业的都想要天使投资、要 VC，但如果连一份好的商业计划书都没有，那么别人连正眼都不会瞧你一下。
- 你要有足够的心理素质来承担债务。一个简单的小测试：如果让你背债一千万元，必须后天还，你明天要筹措到资金来还，这时候你会不会睡不着觉？

大多数创业的人，由于缺乏规划和融资能力，都无法保持连续十二个月的现金流。

所以，要想判断自己是否适合当老板，请你先对照上述几点，逐一对号入座。可能你有年轻的激情和闯劲，那么你是否愿意为其牺牲所有业余爱好和休息时间？你是否能识人用人？你是否具备营销能力和口才？最重要的，你是否具有融资能力？

几乎每个老板都是岁月和年龄的积淀。绝大部分老板都有着丰富的人生经历。其中，专业技能服务行业（会计师、律所等）的老板，需要至少海外留学、多家公司背景、服务过的客户可以列出一大长串；而实业老板，需要在生意上摸爬滚打多年。

为什么？因为人人皆可揭竿而起、白手起家，但只有那些历经百战而屹立不倒的人才能最终获得成功——一将功成万骨枯。

第 3 章

楼市的波谲云诡

在之前的财务自由章节中，笔者将“买房”列为通往财务自由道路的头等大事和第一道关卡。这是从中国的现实情况出发的，尤其在一、二线城市更为明显。如果没能较早地、较妥善地解决自有房产的问题，那么任你有再高的财商，甚至一份体面的收入，离财务自由都是非常遥远的。本章笔者就来讲述一下各位期待已久的“楼市”问题。

3.1 买房还是租房

能实现财务自由的毕竟是极少数人。绝大多数老百姓还是要老老实实过日子的。那么，大多数人（尤其是一线城市的新移民）就会在某一个时刻面对这样一个问题：买房好，还是先租房好？

3.1.1 买房论和租房论的针锋相对

持有买房论的人，几乎不费吹灰之力就可以列出一大堆论据：

- 买房之后你是拥有了一项资产，而租房意味着你要持续产生负债。
- 中国的房价一直在涨，越晚买房越买不起房（这也的确是事实）。
- 租房没有安定感，时刻会被房东赶走，而且还不能对房子进行装修，甚至有些人连家具家电都不敢添置。
- 一线城市的女性和丈母娘很难接受租房结婚，而且租房也会让人感到没有面子。

这些论据个个掷地有声，让人无力反驳。但尽管如此，持有租房论的人还是可以做出如下申辩：

- 现在房子的租售比非常低。从理财角度讲，如果把原来买房的钱用于投资理财产品，每个月可以有 8% 的利息；而你只需要拿出其中一部分，就足以支付房租。即使可以利用银行贷款的杠杆，但也需要付出和租金一样数额的月供，而租房情形下还有一笔钱用于理财。举个例子，一套房子 400 万元，月租金仅为 5000 元左右。如果买这套房，在月供为 5000 元的情形下，需要贷款 100 万元，再付出 300 万元首付。在租房情形下，这 300 万元就可以用于理财，每年产生 8% 的利息也就是 24 万元收入。看上去是不是既合理又诱人呢？
- 尽管租房确实不稳定，但同时也带来了自由。如果在某套房子里住的不满意，可以随时搬走，寻找更中意的地方，体验不同的生活。而如果是买房，那除非是实在待不下去了，否则你是不可能换到其他地方住的。

看起来租房论也没那么容易被完全驳倒；从理财角度，租房还是一个很高明的选择。

很多事情并不是非黑即白。你的选择必须和你自身情况相适应，就像小马过河的寓言故事也一样，别人的选择并不能代替你自己的选择。

3.1.2 买房与租房所蕴含的权利差别

在笔者看来，一张房产证与一份租赁合同相比，其最大的区别就在于蕴含的权利上面。

1. 占有权和使用权

从法律的角度来看，这两项权利对于租房和买房来说是没有区别的。无论是房产证还是租赁合同，作为房东和租客对房屋的占有和使用都受到法律的同样保护。

但是在现实中，租客在使用房屋的问题上往往会有力不从心之感——有些人甚至不敢添置好的家具、家电，就是害怕以后到期了需要搬走，大型笨重物品难以携带运输。

2. 收益权

对于投资性房产而言，收益权指的就是用房子来收租；对于自住性房产而言，收益权可以解释为节省了租房费用。在这方面，如果不考虑买房成本，则买房自然优于租房；但如果购买自住房背上了沉重的贷款，则就“收益权”而言两者并无太大区别。

3. 对房子进行装修的处分权

买房以后自然可以对房子进行装修。而租房的情况下，尽管理论上租户可以对房子装修，但实践中此类情形极为少见，只有那些对生活有追求并且不差钱或不差精力的人来说才有可能。而且从租赁法律关系而言，租户所添附的装修在租期结束之后是否要拆除，如何拆除也是容易引起争议的问题。

4. 对房子进行出租、出售的处分权

对于自住性房产来说，基本不存在出租、出售的可能（除非置换），这一点看似与租房相同。然而，租客最感到头痛的一点，恰恰是他/她并不拥有拒绝房东出售房产或单方面解除租约的权利。

目前市场上租约一般都是一年一签，合同的标准文本是在租约到期之前哪一方单方面解除租约，就要支付一个月租金作为违约金。在实践中，由于房地产市场极不稳定，房东随时都有可能产生趁着房价大涨卖房的想法。在这种情况下，有些房东就会情愿支付一个月租金，将租客赶走。也有的房东在到期以后，看准了租客不愿搬走的心理，漫天涨价，租客只能为此买单。

在这个方面欧美国家就要好很多。一方面，这些国家的房地产市场相对成熟有序，不存在价格的大起大落，不会导致房东轻易产生卖房的想法；另

一方面，这些国家也有一套完整的法律法规对租客提供保护。例如，法国有43%的人都租房子居住。法国租房通常以3年为期，房东要终止租约，一定要有正当理由，否则不得违约；即便有正当理由，也需要提前3个月通知房客。法国的房东不能随意涨价，必须依据法国国家统计局每季度发布的建筑指数（现在还加上了生活指数和物价指数）来确定租期到期后的涨幅，否则就是违法。

5. 子女受良好教育权

一级级下来，租房和买房之间的鸿沟就开始逐渐显现。

大城市的房产，其蕴含的意义远不止一堆钢筋水泥，而是附带了很多其他东西。这个“其他东西”就是——稀缺资源。其中最重要的就是房产附带的学区。这是大城市房价飙涨的一大原因。

根据笔者观察，大城市的白领普遍有一种心理，就是不愿自己的子女去上“菜场幼儿园”“菜场小学”。所谓菜场，就是指民办学校，其存在的意义本来是国家为了鼓励社会力量办学以缓解教育资源不足的问题，然而却因为上学门槛较低（除少数高收费民办学校之外），充斥着社会较低阶层，如农民工的后代。一想到自己的子女和这些农民工后代混在一起的前景，白领们就要千方百计去买学区房，让自己的子女能上较好的公立学校。

而租房，在解决教育资源的问题上是完全无能为力的。

6. 落户、结婚权

法律上并没有落户权和结婚权的概念。但现实中这确是两个横亘在广大拼搏在一线城市的外地人面前的天堑。

尽管现在买房不能送户口，但要维持一线城市户口却必须有房；

尽管现在买房不能送媳妇，但要想娶一线城市老婆却必须有房。

换言之，如果你想用租房作为理财的手段，可以。而且在房价不会大涨的前提下，这个方案非常高明。但你必须为此忍受不结婚的代价——即使结婚了暂时还是租房，最终你的家庭也会提出抗议。

3.1.3　买房与租房所蕴含的自由差别及结论

以赛亚·伯林在《两种自由的概念》中提出了积极自由和消极自由的差别。积极自由，顾名思义，即做出行为的自由、要求变革的自由。而消极自由则是“免于他人干涉、免于恐惧的自由”，强调自由不可侵犯。

我们必须认识到的是，由于目前房价的高企，有相当一部分人（尤其是大城市的外来打工族、外地白领）不得不接受短期或中长期租房的选择。而很多人在咬牙买房还是继续租房之间举棋不定。

在这个时候，笔者建议真正审视自己，看一下自己（和自己的家庭）到底需要的是何种自由。

如果你和你的家庭需要的是消极自由——也就是免于他人干涉，免于恐惧，那么咬牙做房奴则是正确的。尽管这会给你带来极大的财务负担；尽管这会导致你财务自由的梦想几乎破灭（尽管按照笔者看法，租房也无法带来财务自由）；尽管这从理财角度似乎并不理想；但是，拥有一张房产证，就能如笔者上面所说，免于受到房东随意涨价、随意解除租约的干涉，免于受到房价上涨带来的恐惧，免于让自己子女上菜小的恐惧，也免于自己对于无法结婚的恐惧。

如果需要的是积极自由——可以自由选择自己居住的场所，居住的城市，想让自己的发展不受到任何制约和拘束——那么，一张房产证对你来说，就仅仅是一种投资的手段（比如假设房产在 2016 年以后还会升值 50% 以上，那么这种投资就是值得的；但如果在 2016 年以后升值缓慢甚至下跌，那么这种投资就是亏本的）。如果你的资金只能让你咬牙当房奴，那么就得好好考虑是否值得了。

但不论如何，笔者相信绝大多数安分守己的老百姓还是更倾向于上文所说的“消极自由”。下文将分析一下老百姓们最关心的“房价”问题。笔者相信，这段分析也会是本书中最精彩的章节之一。

3.2 高房价背后的幽灵

3.2.1 一线城市房价是否存在泡沫

中国的一线城市房价之高，已不用笔者再赘述。最可怕的是，房价就像一个持续膨胀的怪物一样，不断刷新着人们认知的极限。比如，在2015年下半年到2016年，深圳、北京、上海的房价在本身已经很高的基数上，又再次发生暴涨，远远突破了天际，甚至比纽约、东京的房价都要高。

著名的独立经济学家谢国忠从2004年就开始看空中国房价，认为楼市存在很大的泡沫，很快就会崩盘。然而就在他看空的这十几年间，房价却狂飙突进，至少翻了十倍。一批批看空的勇士都葬身在这波巨大的浪潮之中。

那么时至今日，我们能否说一线城市房价已经存在泡沫呢？

所谓“泡沫”或者说“泡沫经济”，是指因投机交易极度活跃，使得市场价格脱离实际价值大幅上涨，造成表面繁荣的经济现象。由于市场价格缺乏根据，所以，到了某个水准，就会像肥皂泡爆裂一样，价格一路狂跌。

根据“泡沫”的定义，我们需要审视一线城市房产的实际价值究竟是什么，以及其天价是否存在根据。

上文关于买房和租房的章节中就分析过，对于一线城市房产而言，其实际价值远远不止钢筋水泥这么简单，而是与“稀缺资源”紧密地捆绑在一起。这种稀缺资源包括以下几项内容：

- 一线城市的户口。
- 房产上附带的学区（尤其是一线城市中心的房产）。
- 房产所在位置所代表的一线城市各种配套基础设施、医疗设施、商业设施、文体设施。
- 房产所在城市所带来的工作、经营、投资机会。

中国的资源分布极不平衡，优质的教育资源、医疗资源、工作机会、创业机会大量集中在北上广深这四个一线城市。

TIPS

换句话说，你买房买的并不主要是房子，更是房子背后的资源；而房子涨价也并不主要是那一堆钢筋水泥在涨价，更是钢筋水泥背后的资源在涨价。

中国人从传统上就极为重视房产，把房子作为财富的主要象征。而且由于中国人投资、消费渠道的相对欠缺，房子就成了钱的最好去处甚至是大额资金的唯一去处。而一线城市的房产，由于捆绑了上述稀缺资源，因此，理论上所吸引的需求几乎是无穷大的。况且，即便在一线城市已经有房，也总想从小换大，从市郊换到市中心，从公寓换到大平层乃至别墅，这种需求也是无止境的。

这也许就是一线楼市不断上涨并始终保持高位的“根据”。所以，我们判断一线楼市是否存在泡沫，需要非常慎重地看待。

3.2.2　购买力理论

上文提到了，中国人对于一线楼市总是拥有大量需求。那么假设一件商品需求无穷大，而供应却有限的情况下，会导致什么结果呢?

微观经济学的基本原理就是，当一项资源属于稀缺资源时，由于过度的供不应求，就导致价格上涨。

但供需原理还有一句话：当价格过高时，会抑制需求，导致供过于求，因此价格下跌。那么为什么一线城市的房产没有出现（或是很少出现）这种情况?

根据笔者的观察和研究，这背后真正的原因是：支撑一线城市房价的是来自占全国人口不超过 2% 的人群，而这些人群的购买力总是能够满足不断攀升的房价!

这些人手里总是有钱，无论是自己的钱还是借来的钱。在房产作为主要财富的传统观念下，他们几乎必然会用这些钱去换取与稀缺资源捆绑的房产，无论房价已经被炒得有多高。

接下来的问题就是：为什么这些人手里有这么多钱？

在笔者看来，主要有以下三个原因：

（1）过去十几年来中国经济的高速增长，创造了很多赚钱机会。

（2）过去十几年来广义货币（M2）的总量，也增加了好几倍（从2001年房价启动时候的15.83万亿元，增长到2015年年末的127.53万亿元）。

（3）最重要的是中国的社会阶层、贫富分化程度也大大加强，这些新增加的财富、新增加的货币流动性，不成比例地分配到了上述这2%人群手中。

因此，很容易能够得出以下推论（即笔者独创的“购买力理论”）：

- 购买力偏好有稀缺资源的房产。只要一线城市的房产仍然和稀缺资源捆绑，前2%人群的购买力足够支撑房价，那么一线城市的房价就不存在泡沫，无论价格的绝对值是多少。
- 一旦购买力再也不够支撑，或是房产本身就不具有稀缺资源而价格被炒高，那么房价的泡沫就会显现，就有滞胀或下跌的风险。

对于上述第二个推论，中国香港、日本乃至美国的人民都可以用他们血和泪的教训来证明。尤其在中国香港、日本，也一样是资源稀缺的地区，那里的文化也一样重视房产，那里的人也个个都想住市中心的大房子。但是，这并没有阻止那些地方曾经出现过房价的大幅或长期下跌。在3.3节，笔者将重点分析在何种因素下会出现以上第二个推论的情形。

3.2.3 其他关于房价上涨学说的不足之处

也许你在其他地方也看到数不胜数的对于房价上涨的解释。最著名的就是三个学说：人口红利说、刚需说及城市化说。

但笔者认为，这些学说都无法完全解释一线城市房价的实际走势。

1. 人口红利说

过去十几年，中国新增加的劳动年龄人口推动了中国经济的高速增长。根据一些中国机构的研究，中国经济增长的 27% 得益于“人口红利”，与此前“人口红利”对日本、新加坡等国经济腾飞的贡献率基本相当。

经济增长本身自然带来了购买力的增加；但要注意的是，中国的人口红利从 2012 年就开始消失了（这也导致很多专家在当时就看空未来楼市），但却没有阻止房价在 2013 年和 2015—2016 年的暴涨。

2. 刚需说

与上述人口红利说相辅相成，由于新增的劳动年龄人口要结婚、要生育，就增加了房产的需求。但是请注意，在经济学上“刚需”指的是不受价格变动影响的需求（刚性需求曲线在理论上是一条直线），如吃饭需求。而当刚性需求被上涨过快的房价破坏后，这个刚性需求就成了弹性需求。在房价上涨到 2010 年以后，其高高在上的价格已经淘汰了一大批真正的刚需——没有购买力的刚需，就是不存在的需求。而有效的购买力（也就是“有效需求”），只能来自于笔者上述所说的前 2% 的人群。

3. 城市化说

同样，这个学说也是在强调由于城镇化带来的新增人口的买房需求。然而，城市化说完全无法解释为什么中国房价在 2009 年出现了整体暴涨，以及 2015 年出现了大城市暴涨——难道是因为这两年的城镇化突然加快了？不是的，这背后只能来自于超发的货币，以及由此带来的强大购买力。

诚然，上述三种说法都是让房价保持增速的动力，但它们并不会让房价抛离地心引力加速上涨。

而只有笔者前述关于购买力及支撑该购买力的三大因素，才能够从根本上解释一线城市房价的上涨趋势，以及目前居高不下的现状。

经济发展带来赚钱机会是比较直观的一个因素，无须笔者过多解释。下面重点分析一下其他两个因素。

3.2.4 购买力背后的货币超发

根据笔者的观察，自2013年以后，越来越多的人开始认识到天量货币供应与房价持续上涨之间的正相关关系。M2（广义货币供应量）开始成为一个家喻户晓的名词。即使不知道M2的人，也通常都知道这几年中国存在着货币超发的情况，并因此导致高通胀和房价大涨。

例如，2009—2010年全国房价第一次出现暴涨（之前从2001年到2007年的上涨相比之下就显得温和）。而这一年的M2增速为历史级别的27.7%。

也许你不禁要问：M2天量增加是因为央行全力开动印钞机吗?

首先要明白，日常生活中使用的钞票，也就是“流通中的现金”，即M0，是指在银行体系外流通的现金。根据国际货币基金组织的定义，M0与银行系统的库存现金，以及银行存款准备金加在一起，就组成了“基础货币”。

基础货币构成了一国货币供应总量的基础，是始初货币。当公众将基础货币（现金）存入银行时，银行就可以按一定比例（即扣除应缴的存款准备金后）进行放贷，从而在银行体系内引起一系列的存款扩张过程。例如，银行贷款给企业，企业用这笔贷款购买设备，钱到设备供应方变成存款，这笔存款又被银行用于贷款，如此周而复始。基础货币在流通过程中，不断放大货币供应量，这个放大的速度就称为“货币乘数”。

于是在M0的基础上，就有了M1（狭义货币供应量），其包括M0及所有企事业单位的活期存款；进而，又有了M2（广义货币供应量），其包括M1及所有企事业单位的定期存款和居民储蓄存款。

一国的中央银行，通常会通过控制货币投放量（也就是俗称的开动印钞机）来调控经济。那么过去这十几年的M2天量增加，真的是因为央行开动印钞机的结果吗?

其实，这“锅”真的不该由央行来背，至少在 2015 年之前不该由央行来背。

传统上，央行投放基础货币的主要途径和渠道，是通过再贷款、再贴现、财政借透支等。但这种状况从 1995 年开始就发生了变化——外汇占款在基础货币投放中的比重逐渐增加，基础货币投放对外汇占款的依赖性不断变强。

外汇占款是什么呢？由于中国实施外汇管制，任何外汇无法在中国境内流通；因此，外汇进入中国的时候，就必须先兑换成人民币（也就是央行强制收购外汇）。注意，为了这个强制收购，央行是需要凭空制造出人民币的——因此，就增加了“基础货币供给”，形成了外汇占款。

从 2001 年中国加入 WTO 开始，中国的外汇储备就出现了大幅度增长，从 1600 亿美元增加到了最高时候的 4 万亿美元。而这些增加的外汇储备，都对应着央行凭空制造出来的人民币——也就是新增外汇占款。这逐渐成为了央行投放基础货币的主要渠道。

外币是怎么进入中国的呢？正规途径是通过外商直接投资（包括新设和并购），以及贸易顺差；非正规途径就是通过夸大出口货物贸易额、虚假交易及地下钱庄进入中国的热钱。例如，2007 年全年流入中国的热钱据说有数千亿美元，从而推高了当时的股市及楼市。

为什么这十几年会有这么多外汇涌入中国呢？首要原因就是中国对外资的开放带来了巨大的投资机会及低廉的投资成本。资本都是追逐利润的，而中国向资本开放的是一个巨大的待开垦的处女地。

另外一个原因就是人民币的长期升值（与资本逐利互为因果），使得外国人很轻易就可以通过这个方式套利。例如，在美元：人民币为 1 ∶ 8 的时候带进来 1000 美元，换成 8000 元人民币；在中国投资 3 年获得 50% 的利润，变成 12000 元人民币，出去的时候美元：人民币为 1 ∶ 6，于是 1000 美元就轻松翻倍变成了 2000 美元。

最后一个原因就是银行利率——尽管央行历史上有过多次降息，但总体利率水平还是高于美国，从而吸引资本入华套利。

在外汇大量涌入的时候，央行可以说完全是被动地在开动着印钞机，制造着基础货币——外汇占款。当然央行也不能说完全被动，比如它可以通过提高存款准备金率或其他方式来回收流动性，对冲外汇占款增加。

这在有些年份是见效了，但在某些时候（比如2009年），由于金融危机的冲击导致经济面临困难，不得不降准降息，于是大量外汇资本借机涌入，造成M2天量增加（2009年全年外汇储备增加4531亿美元，也就是差不多带来了3万亿元的基础货币；而全年的广义货币供应量为13万亿元）。

这种外汇占款持续增加的局面，从2014年下半年开始逐渐发生了改变。从2015年开始，央行主动开启了印钞机，全马力制造基础货币。

3.2.5 购买力背后的贫富分化

任何一个超常金融现象的背后，都是社会阶层的割裂。

中国目前的贫富分化已经到了何种程度？国际上衡量贫富分化，用的是财产基尼系数和收入基尼系数。

（1）财产基尼系数。北京大学中国社会科学调查中心发布《中国民生发展报告2014》。该报告称，中国的财产不平等程度在迅速升高：1995年我国财产基尼系数为0.45，2002年为0.55，2012年我国家庭净财产的基尼系数达到0.73，顶端1%的家庭占有全国三分之一以上的财产，底端25%的家庭拥有的财产总量仅在1%左右。

（2）收入基尼系数。1978年中国的收入基尼系数为0.317，自2000年开始越过0.4的警戒线，并逐年上升，2004年超过了0.465。此后，国家统计局不再公布国内的收入基尼系数。此后的收入基尼系数大都是经济学者的估计。中国社科院一份报告称，2006年中国的收入基尼系数已经达到了0.496。2010年，新华社两位研究员判断中国的收入基尼系数实际上已超过了0.5。

上述统计分析并非权威，学术界对此也存在不同意见。作为参考，2016年1月19日，国家统计局发布数据显示，2015年全国居民收入基尼系数为0.462，创下自2003年以来的最低值。

事实上，近年来越来越多的报道表明，最富有的一群中国人正变得越来越有钱。他们的购买力完全可以同发达国家的富人一较高低，甚至还超过了发达国家。比如，中国人的奢侈品消费量长期稳居世界第一；经常有中国人跑到美国、中国香港、日本“爆买”的报道，对当地经济做出了重大贡献。笔者在美国迈阿密海滩、日本东京银座就曾亲眼目睹，中国人组成的强大团体将 LV 包、爱马仕包整批整批地买下。

与此同时，中国的人均 GDP、人均收入却仍然只在世界 200 多国家中位居中游。在全国范围来说，有 90% 以上的人群每月收入在 5000 元以下；就一线城市而言，根据复旦大学 2014 年的统计，有 90% 以上的工薪阶层每月收入在 1 万元以下。2015 年上海人均可支配收入（包括工资收入、经营收入、财产收入总和）为 49867 元。很显然，无论是 90% 以上人群收入，还是人均收入，要想支撑目前一线城市的房价，基本等于痴人说梦。

在好几年前，总有人用“房价收入比”和“租售比”这两个西方的概念来强调中国的楼市存在着巨大泡沫。例如，国外城市一般情况下的房价收入比为 3 ~ 6 倍，而中国大城市则高达十几倍；国际通行的租售比为 1 ∶ 200 到 1 ∶ 300，而中国大城市为 1 ∶ 500 以上，有些区域甚至超过 1 ∶ 1000。

然而，在笔者看来，中国楼市中畸高的房价收入比、畸低的租售比，都不同程度地反映了背后存在的巨大贫富分化。

就房价收入比而言，高房价由一、二线城市位于金字塔顶端的人群来买单。广大给人均收入拖后腿的老百姓，并不是承担这些高房价的有效需求，所以，自然不会给房价拖后腿。

而就租售比而言，一线城市租房的目标客户群基本上都是外地民工、中小白领，他们的消费能力与买房的目标客户群存在着巨大鸿沟。无论租金还是房价，都是由其面向的市场所决定的。

也许你不知道的是，21 世纪以来的贫富分化现象其实不止出现在中国这一个国家。如图 3-1 所示，美国富人享有的财富比例从 1978 年以来一直在上升，直至 2013 年，0.1% 的美国富人已经享有了 22% 的财富。如图 3-2 所示，最富有的 0.01% 的美国富人所获得的收入比例已经超过了美国历史上任何时期。

图 3-1　全美 0.1% 富人拥有财富的比例

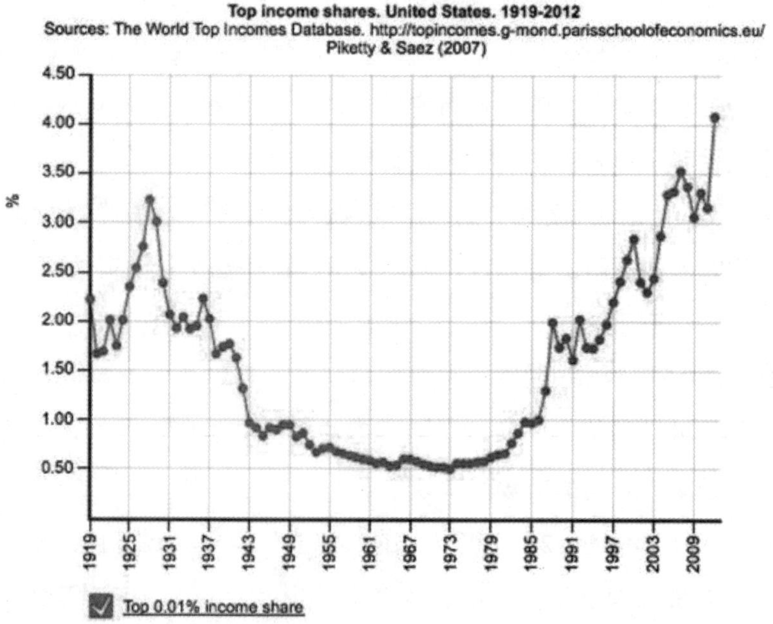

图 3-2　全美 0.01% 富人拥有收入的比例

愈演愈烈的贫富分化，造成了美国社会各阶层之间的深刻矛盾和割裂。这种阶层对立在 2016 年刚刚过去的总统大选中展现得淋漓尽致。

而作为发达国家中收入最不平等的国家，美国的房价从 20 世纪 90 年代中期开始也出现了大幅单边上涨，一直到金融危机前夕的次贷泡沫破灭，才出现了大幅下跌，如图 3-3 所示。可以发现，美国房价上涨的周期与贫富分化大幅扩大的周期几乎是等同的，只有在一场席卷全国的危机到来的时候，才导致了下跌。

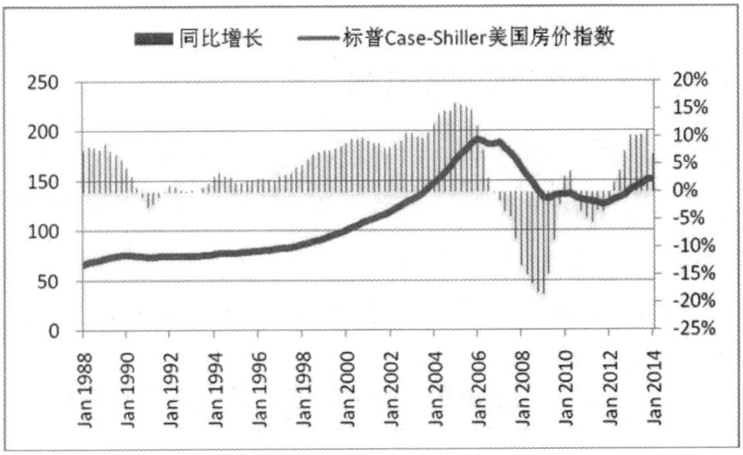

图 3-3　美国房价指数变迁

《新约 • 马太福音》第二十章有这样一句话：“凡有的，还要加给他，叫他有余，没有的，连他所有的也要夺过来。”由于这句话广为流传，并在生活中导之以行，便成了众所周知的“马太效应”，也就是“穷者愈穷，富者愈富”。

法国经济学家皮克迪（Thomas Piketty）在《21 世纪资本论》中指出，由于资本回报率总是倾向于高于经济增长率，所以，贫富分化是资本主义无法避免的致命缺陷。而笔者则认为，人类社会的长期和平稳定甚至技术的大幅度进步，都会导致潜在的货币超发需求，以及社会贫富分化的扩大。

综上所述，一线城市高房价的背后，正是中国社会近十几年来的经济高速增长、流动性相对泛滥，以及整体贫富分化不断扩大的一个缩影。每当看到那些晒出手中几十张房产证的“房哥”“房姐”，笔者就不禁想起历史上曾经出现的数次土地兼并——这是何其神似。

3.3 房价区域分化现象的解读

可能读者要问，中国并不是只有四个一线城市，其他城市的楼市情况如何呢？事实上，自从2009—2010年全国范围的房价狂飙突进运动之后，各城市之间的房价就悄悄开始了分化，再也不是铁板一块、共同进退。

3.3.1 一线城市与其他区域的逐渐分化

笔者有一个朋友，2010年在昆山购买了一套商品房，单价为1万元。昆山距离上海仅40多千米。然而到了2015年，这套商品房的单价只有11000元。

图3-4和图3-5所示为国家统计局在2016年1月公布的数据。

一、二、三线城市新建商品住宅价格环比增幅走势

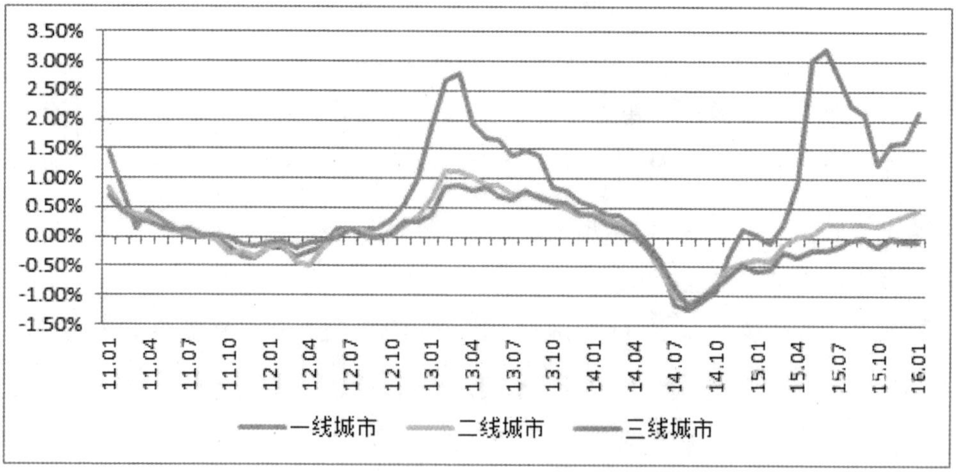

图3-4 一、二、三线城市新建商品住宅价格环比增幅走势

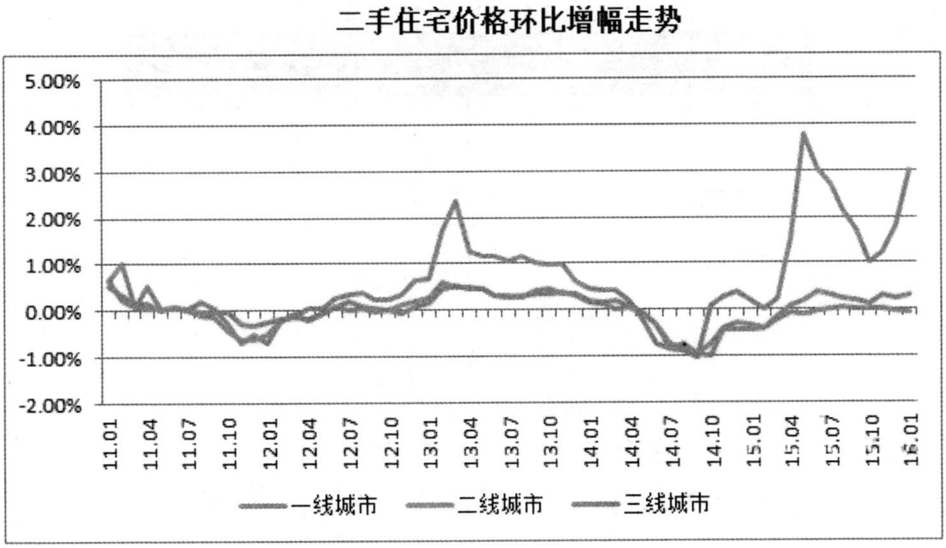

图 3-5　二手住宅价格环比增幅走势

从上述走势图可以看出，二、三线城市的总体房价从 2011 年以后就一直处于相对蛰伏状态，在 2012 年和 2014 年出现了小幅下跌；而一线城市房价在 2013 年就出现了一次抛离，到 2015 年则出现了大幅抛离。

现实经验也告诉我们，在这几年中，很多二、三、四、五线城市的房价即便没有大幅下跌，也是多年企稳，涨也没涨多少。从 2015 年开始，中国各城市之间的房价分化趋势越来越加剧。2015 年下半年到 2016 年上半年出现了一线城市大涨，重点二线城市（如苏州、南京、合肥）整体上涨，而多数二、三、四线城市房价不涨或下跌的现象。

2016 年 1 月各城市的房价涨幅，就反映了这种冰火两重天的境况，如图 3-6 所示。

另外，也许很多读者并不知道，早在 2011—2012 年，某些过度炒作城市的房价，如温州、鄂尔多斯，就已经率先发生了泡沫破灭。杭州的房价也曾在 2012 年出现过下跌的情况。

二手住宅价格同比增幅排序

增幅前10位的城市		增幅后10位的城市	
城市	增幅(%)	城市	增幅(%)
深　圳	49.70	锦　州	-8.10
北　京	23.70	西　安	-4.50
上　海	14.40	湛　江	-3.90
广　州	13.10	大　理	-3.60
南　京	7.70	海　口	-3.40
合　肥	5.60	桂　林	-3.10
厦　门	5.20	蚌　埠	-2.80
南　宁	4.50	秦皇岛	-2.70
杭　州	4.40	遵　义	-2.60
武　汉	4.40	丹　东	-2.30

图 3-6　二手住宅价格同比增幅排序

图3-7所示为温州房价自2011年8月至2013年6月的走势图。可以看到，一度高高在上甚至可以与一线城市平起平坐的温州房价，却在2012年出现了大幅下跌。

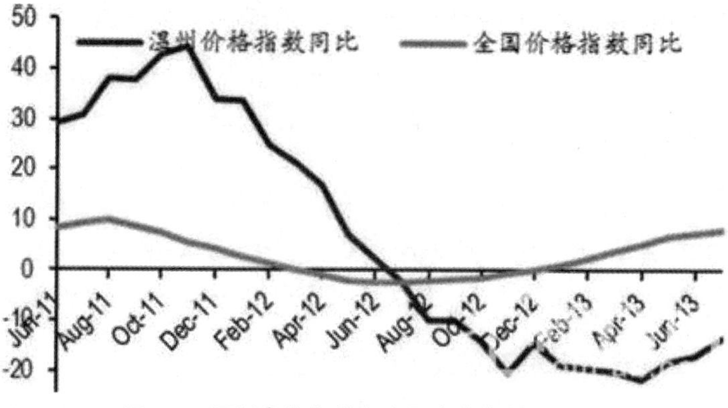

图 3-7　温州房价指数和全国房价指数对比

时至今日，我们再也不能说“中国房价将会上涨”或是“中国房价将会下跌”，而只能说“某个城市房价将会上涨 / 下跌”。

重温一下3.2节的推论：当购买力足够支撑时，价格就没有泡沫；购买力无法支撑时，价格泡沫就显现；购买力则是由经济发展、货币供应量、贫富分化程度三者共同决定的。

先来研究几个沿海城市：温州、杭州、苏州、南京和昆山的个案。

3.3.2　为什么温州的房价会出现泡沫并最后破灭，导致房价崩盘

温州是中国民营经济的一大典型。温州人做生意有着浙商独有的精明和眼光，与此同时，温州的民间融资也非常活跃。笔者曾认识一位温州土豪，家族资产十亿元规模。据他说，其实温州人每户拥有的资产并不像我们想象的那么高，但是他们非常善于“组团”，也就是每家每户都把闲散资金集中在一起。这样一来，就产生了巨大的能量，温州炒房团一度在 2007—2009 年名震全国。

融资和资本的活跃，最直接的后果就是炒高房价。2009—2010 年，温州的房价一度被炒到和上海持平。

按照上一节中的分析，面对如此高的房价，温州人的购买力来自何处?

首先，来自民营经济自身产生的利润。

其次，来自温州人环环相扣的民间借贷，而房子则作为抵押物。经济越活跃，资金链就越宽松，借贷杠杆就越大，房价就越能炒高。

而这种模式的致命缺陷在何处?

- 温州房价缺乏来自其他富裕地区的输血。因为温州这个城市并不存在“稀缺资源”——无论是教育、城市发展，还是工作机会，这就导致其他地区的富人对于在温州购房并不热衷。
- 温州除了民营经济能产生购买力之外，并不存在像一线城市那样高薪收入的白领群体。这导致购买力的构成相对单一。

TIPS

回到笔者的购买力理论：一旦房价被炒得很高，但房子本身并无稀缺资源并且购买力也不够支撑，那么房价就存在泡沫。

这种泡沫何时会破灭？这和泡沫生成是一个逆反过程。泡沫生成是因为

经济活跃、货币供应量宽松甚至泛滥（也就是2009—2010年）。而泡沫破灭呢？就是因为经济开始萧条，货币供应量缩减。

数据表明，正是在2012年，一直被誉为民营经济最活跃的温州彻底跑输全省：GDP增速只有6.7%，全省垫底；温州2012年10月的统计月报显示，1—10月规模以上工业总产值同比增长-4%。

在上述冰冷的数字背后，仿佛可以看到：某些经营不景气的工厂老板资金链开始断裂，其作为抵押物的房产被迫低价拍卖；同时引起其他房主作为抵押物的房产价值下降，其他房主被迫偿还部分贷款，造成资金链进一步断裂，房价螺旋式下降。

从2011年第四季度到2012年一整年的货币供应，其实也出了问题。外汇占款是从2001年开始基础货币供应的主要渠道。2009年新增外汇占款曾到过3万亿元。然而，2011年10月开始，连续3个月新增外汇占款都是低增长乃至负增长；2012年全年，新增外汇占款仅5000亿元。

尽管央行对于2011—2012年新增外汇占款的大幅下降采取了降准、降息等措施，但还没有到后来大开印钞机的程度。所以，我们可以从新闻中知道，这段时间全国房地产都不甚景气，而温州这样的沿海城市高度依赖外汇占款，更是首当其冲。

温州房价的兴衰可以用笔者的价格泡沫理论得到完全的解释。

3.3.3 为何杭州的房价在2016年之前出现小幅下跌，但并未崩盘

图3-8所示为2015年11月媒体统计的过去5年新建商品房均价涨幅最小的10个城市。

温州的房价在2012年和2014年都经历了惨烈下跌，在2013年和2015年下半年有所反弹，即便如此，在2015年11月，仍然比2011年下跌了23.3%之多。

杭州的情况也没有好到哪里去（值得一提的是前十名里还有两个浙江城市：宁波和金华）。但是杭州也没有像温州那样跌得那么惨，这是为什么？

排序	城市	涨跌幅
1	温州	-23.30%
2	杭州	-5%
3	宁波	-3.40%
4	海口	-2.40%
5	唐山	-2.40%
6	蚌埠	-1.80%
7	泉州	-0.90%
8	金华	-0.80%
9	青岛	0.70%
10	三亚	1.10%

图 3-8

用购买力理论很容易解释。杭州是浙江省的省会，有阿里巴巴这样的高薪工作集散地，也有吸引全省土豪入住的美丽市容。杭州的房子不缺富人买。但尽管如此，由于沿海外向型经济衰退的大背景，加上外汇占款在 2012 年和 2014 年都处于低潮，导致杭州房价总体而言也缺乏上涨动力。

如果再从微观来看的话，那么购买力理论更站得住脚。

在 2015 年之前的 5 年内，杭州的城东新城板块房价跌幅达到 25%，九堡板块跌幅达到了 21.9%；而未来科技城板块则在跌宕起伏中捍卫了自己的地位，逆势上涨；滨江板块也算稳定，几乎没跌。

未来科技城为啥逆势上涨？这里集中了大量高薪白领和工作机会（海创园、淘宝城、梦想小镇等）。换言之，这里的房产捆绑了“稀缺资源”中的“工作机会 / 创业机会”。而滨江板块则集中了许多外资公司（如保时捷），也能保证一定程度的购买力。

城东新城只能以交通为卖点，但在笔者看来，所谓“地铁开通”根本算不上稀缺资源。稀缺资源只能来自于地段本身的配套，而不是交通。原因很简单：高薪工作的白领往往加班较多，他们不会倾向于再把大量时间花在通勤上。而对于绝大多数人而言，生活、医疗、教育则更是局限在自己房产周围辐射出去的很小范围内，根本不会把地铁辐射范围考虑在内。

3.3.4　如何解释苏州房价和南京房价出现的奇特景象

图 3-9 所示为苏州 5 年的房价变化（其中 2015 年为 1 到 10 月份数据）。

如果只从数据来看，从2011年开始几乎没有什么变化。

时间	销售套数(套)	销售面积(万㎡)	销售价格(元/㎡)	销售额(亿元)
2008年	27920	308.65	6621	204.36
2009年	77051	867.63	7223	626.74
2010年	51480	501.3	10152	508.91
2011年	54079	554.89	11526	639.54
2012年	106285	1142.12	12318	1406.88
2013年	74038	760.33	11399	866.68
2014年	68756	729.65	12606	919.85
2015年	90985	1011.9	12496	1148.96

图3-9 苏州5年的房价变化

但是很多人都知道，从2015年下半年开始，苏州工业园区的房子出现了一波大涨，但反映在数据上似乎变化不大。

与此相对的，南京的二手房均价却接近2万元每平方米。但南京的GDP数据却低于苏州。苏州在全国所有城市中GDP排名第七，江苏省排名第一，但其房价却不太相称。

上述奇怪现象，用笔者的购买力理论就很容易解释。

- 为何南京的GDP不如苏州，房价却远高于苏州？因为南京作为江苏省省会及六朝古都，集中了太多的优势资源，如大国企、江苏省内富豪。南京的教育资源总体上也优于苏州。而苏州的GDP大部分由外商直接投资所创造，其他经济形式（如国有经济、民营经济）相对薄弱。这种畸形的经济结构后果就是，只造就了一批拿着相对高薪的白领，本地人却相对较穷；对省内富豪的吸引力也比不上南京；只能吸引外地打工族，而吸引不了外地富豪。
- 苏州的购买力只集中于园区、新区及姑苏区较高端的地区；而姑苏区其他地区、吴中区等却是穷人扎堆。由此，尽管园区在2015年下半年由于政策松绑、资金面宽松、炒作等各方面因素释放了挤压已久的购买力而导致大涨，但苏州的其他很多区域却仍在拖后腿。

从整体房价走势来看，由于2011—2015年的GDP增速一直在下降，货币供应也不再有2009年那样的盛况，因此，苏州的房价在2009—2011快速接近翻倍之后，就再也无力整体大涨了。

最后回到本节一开始说的例子：昆山。这个地方尽管距离上海仅 40 多千米，但却几乎没有任何稀缺资源——无论工作机会、创业机会，还是教育资源、商业医疗配套。花桥本地人因为太穷而买不起，上海人则不屑于买。那么，支撑其房价的购买力能来自何处呢？

3.3.5　运用购买力理论对整体分化的解释

分析完上述个案，我们再回到本节的主题：一线城市、重点二线城市和其他区域城市，为何出现了分化走势？

这次先从货币供应来看。

在 2015 年之前，货币超发的“锅”不该由央行来背，因为央行是非常被动的——境外资本家、金融家、投机家都趁着中国经济高速发展、人民币升值、央行之间的利差，纷纷跑到中国淘金，把大量的流动性输入到中国。

而且这背后还隐藏着一个大 BOSS，那就是美国的央行——联邦储备委员会（美联储）。作为全世界唯一的超级大国，美国的货币政策对于世界整体的流动性起着举足轻重的影响。而美联储在 2008 年金融危机之后释放流动性，则是在中国这个新兴市场本来已经足够泛滥的流动性基础上再次大水漫灌，导致 2009 年中国的 M2 增速创下天量。

但是，从 2011 年第四季度开始，这种局面开始悄悄发生了变化。

就在 2011 年夏天，美联储宣布延后新一轮量化宽松，改为扭转操作。国际黄金白银价格见顶大跌，流动性宽松趋势第一次发生变化。市场迅速反应的结果就是，2011 年第四季度直到 2012 年一整年，中国的外汇占款都处于低增长，再加上 GDP 增速的下降，导致全国房价整体低迷。

2012 年 9 月，美联储宣布第三轮量化宽松，并很快在 12 月宣布扩大规模。市场迅速反应的结果就是，2013 年 1 月中国的新增外汇占款创下天量，并且 2013 年全年新增外汇占款恢复到 2.7 万亿元的庞大规模。这导致 2013 年一线城市房价大涨，其他城市房价上涨或微涨。

但是好景不长，2014 年，美联储开始退出量化宽松，这导致 2014 年中国的新增外汇占款增量回到了 2012 年的低水平。与此同时，中国 GDP 增速下降已经持续了好几年。而新一届政府此时却并未采取大规模措施来对冲外汇占款的下降。于是，2014 年 M2 增速仅为 12.2%；于是，房地产这个最需要资金的市场，哀鸿遍野。2014 年全国房价都出现了不同程度的下跌。

上述文字叙述，都可以在图 3-10 中得到一目了然的证明（来自国家统计局 2016 年 1 月数据）。

70 个大中城市新建商品住宅价格以及二手住宅价格环比增幅区间分布图

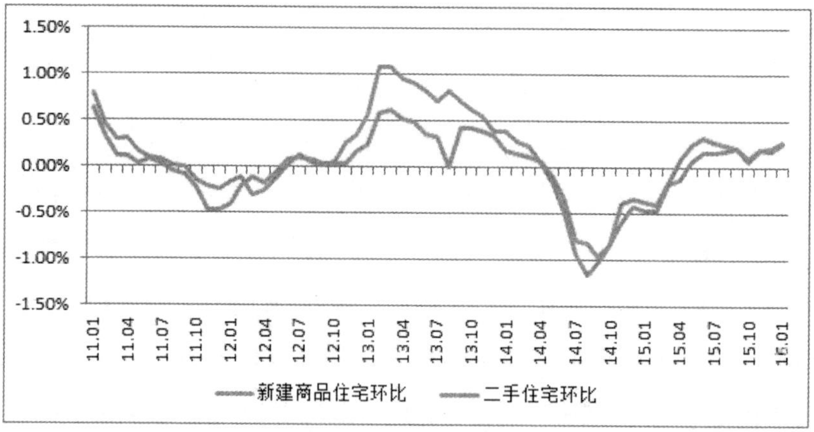

图 3-10　70 个大中城市新建商品住宅价格以及二手住宅价格环比增幅区间分布图

那么，2015 年直至 2016 年上半年在货币供应方面发生了什么事呢？

2015 年全年，新增外汇占款继续着低增长乃至负增长。试想一下，如果一个人以前一直吃着山珍海味，而现在却不吃不喝，是一种什么体验？

GDP 增速则继续下跌，克强指数中的耗电量、铁路货运量数据惨不忍睹。

在这种局面下，政府终于从 2015 年第二季度开始不再实行以往的微刺激，改为全力开动印钞机。数次降息、降准之余，长枪短炮齐上阵（新型数量型工具如常备借贷便利、中期借贷便利，以及无数次逆回购来提供短期流动性；而大幅发放居民房贷，则是创造、扩张长期信用）。在这一过程中，出现了以下标志性的数据。

- 2016年2月，央行发布的金融统计数据显示：2016年1月新增的人民币贷款达到2.51万亿元，单月超过2万亿元的信贷创出历史高点，较12月增加1.91万亿元，比2015年同期也增加了1.04万亿元，相比较2009年1月，新增贷款已经高出8900亿元。众所周知，2009年1月，中央政府推出“四万亿”的财政刺激政策，当时新增贷款达到历史高峰。
- 2016年8月，央行发布了一个更为惊人的数据：2016年7月人民币贷款增加4636亿元，其中，住户部门贷款增加4575亿元。换句话说，整整一个月全中国几乎所有贷款都是房贷。而截至2016年8月，居民中长期贷款同比增11.9%，企业只同比增1.9%；2016年上半年按揭贷款同比增111%，开发贷减25%。用俗话来说就是打工的加杠杆，老板减杠杆。
- 整个2016年，个人购房贷款余额的新增额度同比上年增加了112.41%，这一比例是近十几年来的最高值。

这是二十多年来政府第一次主动依赖印钞机为经济提供流动性：过去的印钞机只是外汇占款的补充，而这次印钞机唱了主角。尽管政府仍然尽力控制总量（2015年M2增速13.3%），但却无法完全控制以下事情。

- 一是无法让新增的流动性去政府想让它去的城市。现实证明，尽管政府非常想帮助三、四线城市楼市去库存，但资金却全部涌向了捆绑稀缺资源的一线城市和重点二线城市。这种状况直到一线楼市实施严格的限购政策之后才开始缓解——资金开始涌向一线楼市周边的二、三线城市（也就是溢出效应），并推动那里的楼市上涨。但广大中西部地区的小城市，去库存这件事仍然任重而道远。
- 二是无法让新增的流动性去政府想让它去的经济板块。现实证明，流动性先是进入股市，制造了泡沫之后崩盘，又全部涌向楼市，直到2016年7月达到了最辉煌的顶点，全社会所有贷款都基本上是房贷。尽管政府做出了很大的努力，流动性仍然很难进入实体经济，从而实体经济（尤其是制造业）反而呈现流动性相对紧缺的景象；流动性也不会青睐那些没有稀缺资源的城市和地区。

货币供应呈现此般情形，紧接着再来看支撑购买力的另两个因素：经济发展和贫富分化。

随着中国 GDP 增速的逐步下降，中国的经济结构在发生剧变。工业等实体经济萧条不振（尤其是浙江沿海出口型经济、东北老工业基地），而 GDP 增速主要由新兴的金融业、互联网经济主导。金融业和互联网经济集中在何处？正是提供着稀缺资源的北上广深——这里创造着无数金融和互联网的高薪白领职位和创业机会。而全国的广大二、三、四线城市（尤其是三、四线城市），则受累于实体经济增速缓慢乃至萧条，其房价只能被一线城市越甩越远。

最后是贫富分化。较差二线城市及三、四线城市越萧条，本地的富豪就越会向一线城市和重点二线城市（尤其是省会）集中，从而加剧了上述地区的房价分化。由此，贫富两极分化不仅在一城中出现，不仅在不同阶层的人中出现，更在城市之间出现。

《道德经》中说：“人之道，损不足以奉有余。”古人诚不欺我也。

3.4 楼市的明天——我们应该如何买房

上文的分析也许能让读者们明白一些关于中国楼市的基本原理。但还是绕不开一个根本问题——我们该如何买房呢？

3.4.1 如何看待“宏观调控”这件事

从典型的房地产经济学角度来看，宏观调控的本意就不是改变房价的矢量方向（即不是为了使房价由升转降，或由降转升），而是为了调节房价的加速度——正如官方所说的“防止房价过快上涨”。

众所周知，2009—2010 年全国房价发生了暴涨，而 2015—2016 年大城市的房价再次暴涨。从 2010 年和 2016 年两次宏观调控情况来看，在短期内基本达到了防止房价进一步过快上涨的目的。其中 2016 年的宏观调控相对特殊一些：尽管短期内起到了一定的效果，但抵不住笔者在上文所说的央行开动印钞机，大量资金流入房地产而没有流入实体的效应，从而导致一线城市仍然呈现失控的态势。

对于政府的调控，要一分为二地看待。凡是政府称之为“宏观调控”的一系列政策，我们可以认为其对于房价上涨的确能起到一定的遏制作用。但与此同时，一旦政府开始救市，从过去的经验来说也基本上可以预期到随后带来的房价上涨。

假设你处在买房的观望状态，这时候观察与房地产有关的政策就非常重要。如果房价刚经历了暴涨，政府在此时推出调控，那么就可以期待之后两三个月内的房价走势趋于平稳甚至小幅下跌，可以在这时入市。如果市场比较低迷，政府在此时推出救市政策，就要在推出救市政策的前后果断入市，否则，就容易错失良机。

上述分析主要适用于大城市和重点二线城市。正如上节所分析，由于全国楼市已处于显著分化趋势，对于其他中小城市而言，即便政府推出救市政策，其影响力也可能是极其有限的，很难拯救原来已经处于颓势的楼市。

3.4.2　如何对待投资和自住

在西方国家，谈到房地产投资往往指的就是商业、办公物业投资。经典的房地产投资模式是通过审慎的尽职调查后收购一宗物业（往往需要杠杆融资），再以出租的方式作为收入的主要手段，若干年后再出售物业退出投资。注意，这里的出售仅仅是一个“退出”的方式。退出的时候自然希望物业价格比收购时更高，这也证明了经营的成功。但是，绝不是仅仅以出售赚取差价来盈利，那样是彻底的投机行为，和股市上短线炒作没有区别。

当然，西方也不乏短线炒作，但这只是市场的多样性。没有一个成熟的房地产投资机构会去进行这样的短线炒作，这是对他们的信托人、投资人极大的不负责任。至于住宅领域，总体思路也是一样，只是西方国家对于住宅的总体投资热情并不高，主要是用来消费的。在21世纪的前十年，西方国家房地产价格随着经济的上升周期而总体上扬，但并未出现大起大落。

但是，很多中国人所理解的房地产投资，都是指通过低买高卖赚取差价。这是由于这十几年史无前例的房地产高速上涨而导致的思维定式。在这一投资模式中，租金的高低已经变得不再重要。很多投资客买来一手毛坯房后，宁可闲置也不出租，因为他们根本没兴趣花精力装修房子，然后再去赚那些十几万元的租金——他们要的是在两三年内房价迅速上涨50%以上，然后就转手套现。

因此，可以发现，大城市外围的一手毛坯房的租售比往往高达1：1000以上。换言之，如果仅有出租收益，那么投资回报率（不考虑装修、维护、空置成本）只有1%多一点，还不如银行存款利率。而在西方，房地产作为优质投资资产，其年收益率达到8%才是正常的。

那么，在2016年之后的今天，中国人应该如何对待房地产投资的问题呢？

我们需要认识到：中国房地产高速上涨的黄金十几年，是建立在经济高速增长、货币出于内因和外因的超发、贫富分化加剧所带来的购买力基础上的。这就好比股市的牛市中，股民开户数不断增加，资金源源不断涌入，所带来的股指节节攀升。

然而，股市里有一个“顶背离”的概念，那就是价格与量能之间出现的背离。价格上，表现为继续上升；而量能则出现萎缩，反映在MACD的波峰下降，红柱缩短；与此同时，市场内的资金量维持平衡甚至有所减少。这种情况一旦发生，反应灵敏的股市就会在很短的时间内发生暴跌，从历史高点飞流直下，进入下降趋势。2015年6—7月的股灾，从技术面上正是这样形成的。

而房地产市场上是否也存在顶背离呢？笔者认为也有，尤其是对于基本面稍显欠缺的二线城市。

2015—2016年，有些二线城市的楼市表现的确很风光。但笔者认为，这种情况是无法持久的，原因在于——这实际上属于背离式的上涨。在楼市价格屡创新高的同时，背后却是实体经济持续的低迷（如制造业增速非常缓慢），以及中央政府开始紧缩银根（M2 增速开始趋缓）。在这个时候去投资这些二线城市的楼市，就和 2015 年在 5000 点投资股市几乎是一个性质。

对于其他三、四线城市而言，其处于总体下降周期已经有一段时间了。股市里都是买涨不买跌，楼市投资也是同样，没人会为下降趋势买单。

这里尤其要注意的就是广告攻势非常猛烈的某些小城市“海景房”。小广告传单上，这些房产往往被吹得天花乱坠，如景观无敌、游客兴旺、价格低廉、增值潜力巨大。而这些传单吹了好几年，这些“海景房”却永远是“增值潜力巨大”，从来没兑现过这一潜力。为什么？用笔者上文的分析法就一目了然：当地的购买力足够支撑吗？当地存在吸引永久居住的优质资源吗？没有人会一辈子住海边看着大海发呆。仅仅靠外来的零星投资客购买力，是根本无法推动房价上涨的。

笔者认为，目前的市况中唯一能投资能保值的房产，还是只有一线城市中心区域的房产。这些钢筋水泥建筑物完全可以看做奢侈品。在有富人阶层购买力支撑的前提下，任何奢侈品的价格都不会崩盘。但同样，普罗大众是根本没有能力去投资这些区域的房产的。

从投资客炒房的经验来说，要真正从楼市上涨中赚到钱（而不只是守着一套自住房升值），其实更需要方方面面的能力，其中包括：

- 钻政策空子的能力，如绕开限购规定，有时候甚至需要冒着违法的风险。
- 融资能力，如在银行不给予贷款的情况下，从社会上融到资金。通过融资扩大杠杆，才是一个炒房客赚钱的根本。这方面中国人的创造力是非凡的，制造了各种花样来融资——但这和普通人是基本无缘的，普通人的家庭无力去承担这背后的巨大风险。
- 最重要的是坚信房价始终会上涨而不会崩盘。为什么每次房价暴涨，都会有大量炒房客抛出房产，有的不再入市？就是怕涨太多而崩盘。

TIPS

所以，笔者的结论很简单：当前，一般人已经没有必要再去考虑房地产投资了。

那么自住房呢？要不要倾尽全家三代人的积蓄，透支未来，去购买一套只能算过得去的房产，仅仅为了结婚生子甚至只是为了让自己有安定感的考虑？

对此，笔者既不提倡，也不反对。这完全取决于每个人的家庭状况、价值观、人生观，是个体的选择。没人有资格去嘲笑别人当房奴，也没人有资格去嘲笑别人不买房只租房。

然而，如果真的决定买房，也是需要一定策略的。微观上的策略所起的作用，有时候甚至超过宏观上房价总体涨跌 10% 幅度。

3.4.3 购买二手自住房的几大策略

1. 入市时机

最佳入市时机：国家推出救市政策的当周。

国家推出救市政策，其本身往往就表明房价已经处于阶段性底部。

次佳入市时机：国家推出救市政策的当周。

国家推出救市政策，往往就表明房价已经处于阶段性底部。

最差入市时机：国家推出救市政策几个月后、市场最火爆时期。

此时，价格已经上涨了一大截，房东跳价已成家常便饭。此时入市，就如同待宰羔羊一般了。

当然，对于三、四线房产而言，则不需要太讲究入市时机——因为其低迷很可能将持续很长时间。

2. 现金流

房东最喜欢什么样的下家？手里有钱的下家。尤其有些投资客急需资金周转，此时如果下家能够一次性付清全部或大部分房款，其就相对更乐意将报价降低到下家能接受的程度。

因此，在入市的时候，就要确保自己手中有较多现金，而不应该寄希望于银行贷款全部贷足，拿着一点可怜的首付去幻想买到便宜的房子。

现金流的问题在置换时最为关键。很多家庭手中并无太多现金，而主要依靠卖出手中房产（很多是目前正在居住的房产）来得到购买改善性房产的大部分甚至全部现金。在这个过程中，就需要非常讲究时机，并降低风险——如果在自己房子还没卖出去之前就看房并在中介的怂恿下签了定金合同乃至购买合同，那就很可能面临违约的风险；在出售自己房子的时候，也要考虑下家可能违约的风险。如果步骤安排不当，就随时会导致置换失败。

因此，对于需要置换的家庭，手中备有一定数量的现金是非常有必要的。一方面可以增加自己看房的底气，另一方面也能降低置换过程中的违约风险。当然，从笔者角度，最理想的就是先把自己手中的房产卖出，并且收到首付款乃至全款之后，再买自己想要的房子。当然，在交易相对火爆时期，这样做可能会导致错过心仪的房子或是看中的房子跳价。所以，这一策略相对适用于交易相对平稳乃至冷清的时期。

3. 杠杆比例

有人认为，既然国家提供了 30 年长期贷款的机会，就应该全部贷足，因为在其他场合（比如做生意），银行根本不可能给你放这么长期且低息的贷款。

笔者认为这个理解存在误读。做生意无法贷到如此长期且低息的贷款，是因为做生意的投资回报率往往会比较高，至少高于 5%。这样一来，长期复利就非常高（30 年复利 5%，翻两倍多），而 30 年银行贷款则是单利（30 年仅为 150%）。

但购买自住房的人可不是在做生意。他们如果手中有现金，但仍然选择银行贷款，只有在一种情况下是合算的——手中现金的长期复利超过银行贷款的长期单利。但如果这些现金仅仅是存入银行，或是购买极低利息的理财产品，那么很可能连银行贷款的单利都无法跑赢。而且有一个基本概念有很多人不清楚，笔者认为很有必要普及：绝大多数银行贷款的利息，银行是可以在每年年初的时候根据当时的存贷款基准利率进行调整的。所以，不要简单地以为多贷款就必然能跑赢通胀——一旦发生恶性通胀，央行必然会大幅调高利率，届时你要还的银行贷款利息就会大幅增加，会给背负巨额房贷者带来沉重的财务压力乃至危机。

所以，选择多少杠杆比例，完全取决于你的理财方式。如果你只是喜欢把钱放入银行，那么还不如在买房时一次性付清。

4. 明确自身需求

笔者遇到过不少人，在看房过程中非常犹豫，举棋不定，乃至错过了宝贵的购房时机。

要知道，如果是一套完美的房子，那就必然是天价；否则，就会存在这样或那样的缺陷。地段好的，房子可能比较老；面积大的，房型可能不理想；像楼层、采光、小区环境、周边配套、交通便利程度都是需要考量的因素，而这些因素不可能全都称心如意。

因此，在打算看房买房之初，就应该列出明确的规划，清楚哪些缺陷能接受，哪些不能接受。在此前提下，才能理性地看房，尽快做出决定。

当然，自己能接受的缺陷，在看房时候反过来可以作为讨价还价的筹码。在市场较为低迷的时候，一次有效的还价甚至能超过宏观环境房价下跌5% ~ 10% 所带来的影响。

3.4.4 房价会跌吗

房价的根本在于购买力，而购买力的根本在于经济发展水平、货币供应和贫富分化程度。

在区域经济不发生大幅减速乃至衰退的前提下，房价未来的走势首先取决于货币供应和楼市金融政策。

2016 年，当你看到新闻里报道的房贷余额不断创造天量时，就应该能够预见房价（尤其是一线和重点二线城市的房价）随后的暴涨。而在一、二线城市相继实行严格的限购限贷政策，从而导致居民购房时可以利用的杠杆变得极为有限时，就可以预见房价将来会进入稳定、持平乃至向下小幅调整。当调整持续一段时间之后，如果政府再次放开贷款政策，则很有可能又会带动一波上涨。

而从更长的周期而言，则取决于中国总体的经济走势，以及与其相适应的货币政策。例如，当 M2 增长率始终维持比 GDP 增长率高出 6 ～ 7 个百分点乃至更高时，那么全国范围内就不太容易发生房价普跌，尤其是一线楼市会很难下跌。

另一方面，如果区域经济发生大幅减速乃至衰退呢？那么房价的泡沫性就会逐步显现，最终像很多中小城市（如温州、鄂尔多斯）所出现过的那样发生泡沫破灭。但对于一线楼市而言，由于其资源的稀缺性，会源源不断地吸收全国各地乃至全世界的购买力。所以，一线楼市下跌的范式，更有可能是随着老龄化的到来而在数年之后缓慢进入拐点。

从微观角度来说，如果一个区域中的一手房开发商为了防止资金链断裂而大幅调低预售价，那么就可能会带动二手房房东放弃捂盘而同样抛售房产；另外，持有多套二手房的炒房客出于资金链紧张，为了回笼资金也可能会抛售手中的房产。但是这种情况不适用于一线城市中心区域，因为这些区域已经很少有一手房楼盘，而且由于成本过高而导致炒房客持有比例也较低。所以，一线城市中心区域的房产价格才最为坚挺。

因此，在假设出现中国整体经济大幅失速的前提下，房价的下跌将会是波浪式的——小城市优先于大城市、一手房优先于二手房、城市外围优先于中心、过度炒作的城市优先于未炒作的城市；最重要的是，没有稀缺资源捆绑的房产优先于有稀缺资源捆绑的房产。

由于房产交易周期远比股票长，所以，整个房地产的兴衰周期，也比起股市的牛熊更替要长得多。但无论如何，请牢记——太阳底下，没有任何只涨不跌的市场。

第 4 章

变幻莫测的投机市场

很多人都有过炒股的经验，笔者看过的不少理财类书籍当中，都将“股票配置”作为理财当中一个重要的甚至不可或缺的环节。这些书丝毫没有分析股票配置对于每个人来说意味着什么，也没有说应该如何操作。本章就来介绍炒股这件看似简单，实则凶险的事情。

4.1 进场前的热身

也许你听过不少理财师的建议，也听过不少朋友的建议，看过不少理财书——这些声音都异口同声地表示：最能赚钱、最能稳定盈利的莫过于投资股票，理财资金需要有多少比例进行股票投资，等等。

在听了他们的话冲进市场之前，先问自己一个问题：我适合投身于市场吗？我需要具备哪些最起码的认识？做哪些最起码的热身运动？

4.1.1 “股灾”是市场的常态

2015 年，对于中国股民来说，注定是惊心动魄、永生难忘的一年。上半年就像坐着直升飞机转瞬间升到万米高空，体验翱翔在云端的美妙感觉；六七月却突然从高空垂直坠落，体验了一把人生的绝望。从牛市起步，到疯牛形成，到股灾爆发，再到流动性完全丧失，这一切仅仅在半年多的时间内完成，如梦亦如幻。

不仅如此，2015 年 8 月、2016 年 1 月，中国股市又经历了两次大幅下挫，还发生了一周内两次熔断这样人类历史上空前绝后的奇景。这是何等令人窒息的疯狂和恐惧?

关于股灾的成因，分析的文章很多。然而这些事后的分析，却是标准的马后炮。如果真要点出其本质，那么一句话足矣——

投机市场，本来就是非理性的。疯牛也好，股灾也好，其实都是投机市场的常态。

西方国家的股市发展史远比中国股市漫长。在这段历史中大大小小的股灾可以说不计其数。最著名的就是 1929 年股灾（随之引起大萧条）、1987 年股灾、世纪之交纳斯达克泡沫破灭。

- 1929 年股灾：1929 年 9 月 29 日被称作“黑色星期二”，这是美国证券史上最黑暗的一天。道琼斯指数一泻千里，从最高点 386 点跌至 298 点，跌幅达 22%。11 月，股市跌势不止，滑至 198 点，跌幅高达 48%。这是美国历史上影响最大、危害最深的经济事件，影响波及西方国家乃至整个世界。美国和全球进入了长达 10 年的经济大萧条时期。
- 1987 股灾：1987 年 10 月 19 日，星期一，华尔街上的纽约证券交易市场刮起了股票暴跌的风潮。道琼斯指数一天之内重挫 508.32 点，跌幅达 22.6%。6.5 小时之内，纽约证券市场上就蒸发了 5000 亿美元。
- 世纪之交纳斯达克泡沫破灭：1999 年 10 月至 2000 年 4 月，仅仅 5 个月，纳斯达克指数从 2700 点左右（1999 年 10 月）上升到 5048 点（2000 年 3 月 10 日），将近翻了一番。但仅 37 天，即到 2000 年 4 月 14 日，就下跌到 3321 点，下跌 32%。

除了股票市场，在其他金融投机市场，类似的崩盘也屡见不鲜。比如贵金属：

- 2011 年 4 月 25 日，在价格大涨到距离 50 美元一步之遥的 49.81 美元历史顶点时，白银价格掉头向下，在 5 月 2 日至 6 日，白银更是迎来急剧暴跌，一周跌幅超过 25%。

- 2013 年 4 月 15 日，国际现货黄金创造了 30 年最大单日跌幅（9.3%），黄金进入漫漫熊市。

又比如外汇、原油市场：

- 2014—2015 年，原油和卢布双双暴跌，原油从最高的 120 美元，一直跌到了最低仅 26 美元。
- 2016 年 6 月 24 日，受英国脱欧事件影响，英镑兑美元汇率大跌超过 10%。在每日波动不超过 1% 的外汇市场，这种单日跌幅可以算是海啸级别了。

同样是暴跌，在期货、现货贵金属、外汇等市场，投资者可是用着几十倍乃至一百倍杠杆。所以，在暴跌中承受的损失，可以说比起中国股民在股灾中的损失更为惨重——股民尚可以抱着套牢的股票心怀侥幸，而那些杠杆市场的投机者，早在一两次暴跌中就爆仓，所有资金灰飞烟灭了。

事实上，2015 年的 A 股市场起伏之所以如此剧烈，其中一个重要原因是大量引入了杠杆（包括融资融券及场外配资）。杠杆导致股市发生疯牛现象；杠杆同样也使得股灾来得极其猛烈。

所以，暴涨暴跌其实是投机市场的宿命。

4.1.2　投资股票和投资基金、理财产品的本质区别

人类所有的投资行为，归根到底就是通过买入（或卖出）某样资产，来获取其产生的收益。这种收益包括两部分：一部分是资产本身产生的孳息；另一部分是买卖资产得到的差价。

所有的基金、理财产品都有一个投资标的。这种标的可以是股票、债券、债务、贵金属、房地产、工程项目、商业项目乃至货币本身。

因此，投资基金、理财产品，其实是一种间接投资，其性质就是投资者把自己的资金和头寸委托给了专业的基金经理、理财经理，由后者作为资金

的信托方，对资金进行管理并使其产生收益，从而对投资者给予回报。在发生亏损的情况下，有些产品会设计保本功能，有些则不保本；对于信托产品而言，优先级投资者可以基本确保享有收益（即使产品有亏损），而劣后级则在亏损时承受亏损，盈利时享受额外的利润。股市上的分级基金也是如此。

而直接投资股市，以及期货、外汇、贵金属、房地产等是投资人自行管理资金，损益自负。无论是套牢、踏空还是爆仓，都是自己负责。

有意思的是，美国拥有世界上最成熟的投资市场，但美国人中的绝大部分却选择投资基金而不是成为一名股民来参与股市。与此相对的，中国拥有世界上最不成熟、内幕交易最多的投资市场之一，但中国人中的大部分却选择直接投身这个危机四伏的市场，而不是把钱交给别人来投资和管理。

4.1.3 投资股票行为的专业性

有些股民可能会说，把钱给别人我可不放心，自己的钱自己管，赚了都是我的，亏了我也认了。这种心态其实是来自于制度、习惯缺失的市场带来的不信任感。但在一个健全的市场上，如果规则和契约能得到人们的自觉遵守和法律体系的严格保护，那么一个理性人的选择毫无疑问是——将投资这种专业的事情，委托给专业人士处理。这种专业性主要体现在哪里呢?

一是知识。作为一个基金经理，必须具备广泛的经济金融专业知识，还要懂一点哲学（比如索罗斯）。

二是装备。每一个专业投资人士都有一套成熟的交易系统，并有支撑这套交易系统运作的设备（比如一个交易员面前通常会放置多台显示器，以随时观察不同指标的变化）。

三是经验。专业投资人士可不是昨天还在菜市场跟小贩讨价还价，今天听到股票好了就跑步入市的这类人群。他们有着丰富的成功和失败经验，尤其是后者。大投机家科斯托拉尼谈到自己的投机经验时曾透露："我的大部分经验是在损失惨重的交易经过中获得的。因此我也可以说，一位交易所投机者一生中没有至少两次破产，他就不配得到这一称号。"

四是心态。能够较好地克服自己的贪婪和恐惧，并严格遵循交易系统发出的信号，执行既定的交易计划，在盈利时及时止盈，亏损时及时止损。不患得患失，不瞻前顾后，不随心所欲。

当然，基金经理这样的专业投资人士也并非完人，他们在发生股灾的时候，也常常无法幸免。然而，一个训练有素的专业人士可以在作战失败时有序撤退，而一个没有经验的菜鸟就只能在灾难面前丢盔弃甲。

投机市场（包括股票、期货、外汇等）完全可以视为一个没有硝烟的战场，其残酷性丝毫不亚于伤害人的肉体、剥夺人的生命的真实战争。一个刚入市的股民，就像战争中临时应征入伍的新兵，手上拿着最初级的装备，心中恐惧——这样的新兵，在己方大捷的时候（也就是牛市）尚可以跟在大部队后面分一些战利品；但如果据此认为新兵会打仗，那就大错特错了，因为一旦己方失利（也就是熊市），这些新兵就是对方正规军优先屠杀的对象。

4.1.4　判断自己是否适合炒股的标准

也许你会说，如果只是小规模投资于股市，而且愿意去研究基本面、学习技术操作，多看书多积累经验，那么不是也可以凭借自己的力量去玩转一下吗?

是的，爱学习当然是一件好事。但这里笔者要说的是，根据观察可以得知，世界上并不是所有的人都适合炒股；不适合炒股的人，即便经过长期大量的学习，他/她可能仍然不适合炒股（这里炒股泛指所有对于投机市场的参与）。

判断是否适合炒股的标准非常简单——那就是，你是否是一个善于认输的人。

也许你在生活和工作中自强不息、刻苦奋斗、好胜心极强，事事都要争先，这样的你也许能获得事业上的巨大成功。但很遗憾——这样的你却不适合投机市场。

股神最重要的性格是什么？不是争强好胜。争强好胜者在股市里亏损的概率大于 90%。炒股，或者其他金融市场交易当中最重要的素质之一就是“善输”。

因为市场是不可预测的。无论你依据怎样的基本面、技术面、消息面去判断，都无法战胜人心。所以，在一个较长期的阶段，你必然会在判断上出很多错误，无论你是高手、老鸟还是菜鸟。

这个时候，如果你不懂得认输，不懂得止损，还要一味去证明自己判断的正确性，那么只会和趋势越来越背道而驰——也就是被套牢。2015 年 6 月中旬开始的股灾，很多人之前几个月参与了“天上掉馅饼”一般的狂欢盛宴，面对趋势的转变却丝毫没有清醒，结果就在股灾中要么被套牢，要么爆仓而灰飞烟灭。

所以，股市、外汇、大宗商品现货期货这些交易，并非人人都适合，也根本不会取决于你看过多少书，学过多少理论。本质上这些交易就是一个“善输者”的游戏。而媒体热衷于宣传正能量，灌输“必须成功”的思维，有多少人能真正懂得“退一步海阔天空”的道理?

要培养这种能力也是非常困难的，需要极多的阅历和极深的个人感悟。

4.1.5 判断自己在股市中投入资金量的标准

很多参与股市或其他投机市场的人可能都有过这样的体验：当投入的本金仅为几千元时，心态非常轻松，每天偶尔看一眼行情，隔十几天才进行一次操作，赚钱似乎非常顺利。然而，由于得意于前期自己的战果而不断追加本金之后，心态就逐渐变得越来越焦虑，看行情、操作的频率越来越频繁，操作失误也越来越多，直到最后大批生力军被套牢。

笔者认为，每个人都有属于自己的“财富吞吐量”。这个吞吐量与个人拥有的财产数量相关，但并不绝对相关。有些人就算没有多少钱也敢借大笔贷款用高倍杠杆去投机炒作，而且晚上还睡得着觉；有些人尽管坐拥几千万元资产（其中可能很多是受益于房产增值），但由于日常生活节约成了习惯，所以，在股市中投十几万元，就总是惴惴不安，因为每一次市场波动而心神不宁。

股市中投入资金占个人总资产的比重，就取决于这个财富吞吐量。如果个人总资产不断提高，财富吞吐量可能也会有提升；但一个人的胆量和魄力，基本在其 30 岁以后就无法再有本质的提高了。

在不具备财富吞吐量情况下的操作，往往是一种心态失衡的操作，因为人在此时已经无法用完全客观的理性来指导自己的行为，就像一个喝醉酒的赌徒一样，能否赚钱已经完全不由自己掌控了。而市场往往是残酷的，只有极少数人能赚钱，一个赌徒是否会有这样的幸运成为极少数人呢？

因此，每个投身于投机市场的人，都需要认真审视自己的财富吞吐量，切忌超过甚至远远超过财富吞吐量，贪图一时的眼前利益（比如听到传言某只股票要大涨）而投入巨额本金。

4.1.6　判断自己在股市中投入时间的标准

结合笔者在本书第 2 章中的观点，笔者认为，如果一个人适合处于 E 象限，适合利用自己的知识和能力去取得主要收入，那么这个人就不应该去盲目追求 I 象限，也就是试图通过投资来取得主要收入。这种选择的后果，就是忽略了自己的比较优势，扬短避长。

而在现实中，有一部分人却往往因为看到股市处于大牛市之中，而上班又不如意，就索性辞职专职炒股。尽管没有新闻报道其炒股的得失情况，但从笔者主观判断来看，很可能不乐观。

每个人在股市中投入的时间都应该取决于自身情况。分而论之：

- 如果你已经当上了老板，成为 B 象限中的一员，那就基本不需要也不应该再花时间在炒股和投机上面。一方面，这种投机投资行为会占用你大量的宝贵现金流；另一方面，也会占用你的宝贵时间。
- 如果你是一个很忙碌的高级白领或金领，那么也不应该贪图一时利益而在股市中过多涉足。因为一旦你这么做，就很可能会面临炒股和工作事务的冲突，届时必然难以两全，甚至可能导致股市亏损和工作事务耽误同时发生。

- 如果你是一个很清闲的办公室职员或是自由职业者，那么平时可以结合自己的财富吞吐量在股市中适当投资，并且应该以中长线为主，把投资股市就当成自己理财投资组合的一部分看待。
- 如果你是一个退休老人，那么可以把炒股当成一种休闲和消遣，既可短线也可中长线；但必须结合自己的财富吞吐量，而且对于老人来说还应该更加保守一些，以避免损害身体健康。

另外，是否应该专职炒股？笔者的答案是否定的。对于一个从未接受过专业训练，也不具备专业装备和团队的人来说，专职炒股更进一步放大了其心态上的弱点，因为所有经济来源都来自于股市上的盈利的话，心态失衡几乎是必然的。所以，专职炒股从一开始就几乎注定是失败的。

4.2 投机市场中的贪婪和恐惧

做好上述自我审视的准备之后，接下来就要面对投机市场中的一个根本问题——贪婪和恐惧。贪婪与恐惧是人性的弱点，两者在充满风险的投机市场上体现得尤其明显。

4.2.1 左侧交易和右侧交易

每一个股票投资者在每天盯盘时，都在做买入还是卖出、抑或是持币不动的思想斗争，并因此经历贪婪与恐惧的双重煎熬。股票投资者的贪婪和恐惧在时空上与主体上是可以分离的。每一轮大盘的牛熊转换，每一支股票的价格涨跌，都在不同的投资者心中引发贪婪或恐惧的念头，从而导致多空博弈、买卖交织的复杂投资行为。

股神巴菲特说过广为人知的一句名言，正是在这一相对意义上有感而发：

在别人贪婪时恐惧，在别人恐惧时贪婪。

很多股民都对这句话津津乐道，将其奉为真理。但是，如果真的用这句名言去指导自己的操作，最后结局很可能却无法在股市上赚到钱，甚至还会导致大败亏输。

原因是什么呢？因为这句话是比较典型的“左侧交易”思路。

所谓左侧交易，就是逆向交易——在上涨时顶部尚未形成之前，就判断顶部即将形成，从而在假想的顶部 K 线左侧高抛或者做空；而在下跌时底部尚未形成之前，就判断市场即将见底，从而在假想的底部 K 线左侧低吸做多。

一般人们所说的“追涨杀跌”，则是右侧交易，也就是在上涨顶部出现之后的杀跌过程中卖出或者做空，或是在见底回升后追涨。

左侧交易和右侧交易，其实并没有严格的优劣之分，但实践中人们往往形成了若干心理误区，比如：

- 认为“追涨杀跌”一定是不对的，最典型的就是下跌过程中恐慌割肉就是不对的，而应该反过来在别人杀跌恐惧的时候我贪婪，出手抄底。然而，这种思路往往导致了在抄底过程中被套牢。在笔者看来，一个投资者，尤其是中国的投资者，对于“抄底”往往有着浓厚的情节。关于“抄底情结”的危害，笔者在之后章节会进一步阐述。
- 在市场大涨、情绪狂热的时候，自己出奇的冷静，“别人贪婪时候我恐惧”，早早卖出，从而错过一波主升浪。
- 总认为自己能完全把握市场的贪婪和恐惧情绪，并与市场的趋势反其道而行之。

而在笔者看来，巴菲特的这句话的核心精神，是提醒投资者在任何时候都要理性、冷静、有主见、不盲从，而不是机械地诱导投资者去标新立异、剑走偏锋地踩踏投资节奏。遗憾的是，很多人认定巴菲特就是要鼓励投资者剑走偏锋、与众不同。如果投资股票就是在别人恐惧的时候买、在别人贪婪的时候卖，那么，股票投资者只需要研究心理学就行了，还研究什么金融学和经济学？这显然与巴菲特所信奉的价值投资理念相违背。

事实上，市场是复杂多变的，作为一个普通投资者，就相当于大海中的一滴水，如果仅凭自己的感知，是无法准确把握海水的走向的。就如在股市大跌中，一些不称职的股评家会鼓吹别人皆恐惧时候我应该贪婪，建议股民重仓出手抄底——殊不知你这位“股评家”何尝不是股民听众眼里的“别人”，只要你还处在贪婪之中，又何以体现“别人恐惧时我贪婪”的思路?

股市中，总有一些垃圾股毫无价值，理性的投资者避之唯恐不及，但这种“别人的恐惧”，并不能成为你“贪婪”并买进垃圾股的理由。同样，一些好股票，如果真正具有高成长前景，“别人的贪婪”也不能成为你“恐惧”的理由，你也可以跟着别人一起贪婪买入，享受这些好股票在新高之后再创新高。

TIPS

一个合格的左侧交易者并不会仅凭借自己对市场情绪的猜测而去走相反方向，而是通过各种手段来推测市场的顶部和底部，并严格执行的自己的交易计划。因此，左侧交易需要极高的专业性，一般为机构投资者或投资高手、大师所采用。

而对于普通的投资者而言，通过各种趋势指标（如均线、MACD）来判断市场的趋势，并顺势而为，才是在市场中保护自己的方法。“追涨杀跌”其实并不是坏事，真正需要避免的是后知后觉，直到市场呈现极大狂热时才去追涨，或是市场已经下跌了很多时才出于绝望而割肉。“后知后觉”的情况，本质上也是对市场的趋势没有准确地把握。“顺势而为”的重要性，对普通投资者怎么强调都不为过。

但由于市场的运行总体还是不规则的，因此，在顺势而为的同时，掌握一定程度的左侧交易方法也是很有必要的——尤其是在持有头寸时，需要熟悉顶部出现的前兆，从而在最高点到来之前就顺利逃顶。

笔者认为，与其去猜测别人的贪婪和恐惧，还不如想办法减轻自己的贪婪和恐惧对操作的影响。在下文中就将进一步阐述。

4.2.2　如何减轻自己的贪婪

人的贪婪是与生俱来的一种本能。基督教将“贪婪（Greed）”列为七宗罪之一，其从文明的起始就纠缠着每一个人。

贪婪的本质是人的求生欲望。人为了生存，总是希望自己能攫取更多的利益，尤其是物质利益。而人类社会为了约束个体的贪婪给群体带来的损害，才形成了道德律和法律。

但是在投机市场上，贪婪无法受到道德和法律的约束，因为贪婪所损害的只有投资者自己。所以，在这种情形下，投资者需要认清楚一些基本规律，从而减轻贪婪给自己带来的影响。

从笔者的经验来说，投资者需要认清以下两个方面：

1. 认清市场波动的必然性

对于一个股民来说，最懊悔的是什么？不是因为盲目抄底而被套牢，因为大多数被套牢的人都坚信只要拿着不放就一定有解套的那一天。最懊悔的事情当属在自己手里的股票涨了一些以后，就匆忙抛出，没吃到后面的一波大行情；或是，在行情启动之后茫然不觉，乃至完全没有吃到一波大涨。

这两种情况，俗称“踏空”，就好像人走路时一脚没踩实，摔了个大跟头。

但在笔者看来，其实根本就不存在“踏空”这个概念。

因为所有的投机市场的基本特征，就是在交易时段每时每刻都存在波动。一天之内就有无数次波动，更别说一周、一个月的区间。所谓交易，只是参与市场的波动而已。世界上没有任何一个人能够把握并参与市场上所有的波动并从中获益。

股民们在踏空以后，往往会计算自己“亏了多少”（实际上就是没参与到行情而少赚了多少），其实这种计算是毫无意义的。因为只要你参与市场的波动，就必然有盈亏。如果能准确把握住市场的所有波动，能够双向操作并加上一定杠杆的话，那么在短短几天或几周内，你就成为世界首富了。

投机市场中永远都不存在后悔药。只要你参与了波动，利益就必然和风险如影随形。你有时候可能会懊悔自己踏空一波行情，但另一个时刻你是否会为自己及时卖出逃过一波下跌而庆幸？只要行情没发生，这两种情形就都有可能发生。

TIPS

所以，每一笔交易都是独立的，从建立头寸到结清头寸为止，只要获得了盈利，就是成功的交易。结清头寸以后，市场怎样波动与我何干？因为市场的本质就是波动。

2．认清投机的复合收益率

投机市场中随时可以获得巨额利润，也随时可以遭到巨额亏损。盈利的人群占所有投资者的比例往往仅在一到二成，也就是所谓的“七亏二平一赚”。从这个意义上说，笔者从不像其他理财分析那样，会建议读者将自己的大部分资产都配置在股票或其他投机品种上。

然而，对于一些技术颇有小成的人来说，也许开始的一两年顺风顺水，会觉得在股市上赚钱并不难，进而信心膨胀。笔者就认识一位朋友，在2014—2015年赚到30万元以后，就定了个“小目标”，要以这30万元为本金在6年内赚1000万元。在制订这个计划时，他信心满满地认为“市场不会在发生股灾”。然而，就在2016年1月，市场发生了举世罕见的一周内两次熔断，股灾再次来袭，他也受到了不小的损失。

很多类似这样的事例都提醒我们，一定要认清投资的复合收益率，并为自己设定一个合理的复合收益率目标。例如，你第一年赚40%，第二年亏25%，第三年赚40%，第四年亏25%，这样到了第五年，本金仅增长了

10.25%，相当于每年仅 2.5% 左右的单利，2.1% 左右的复利。

也许你想知道，巴菲特的长期复合收益率是多少呢?

- 第一阶段从 1957 年到 1964 年共 8 年，总收益率是 608%，年化收益率是 28%，每年投资收益都是正的，但也没有任何一年的收益率超过 50%。
- 第二阶段从 1965 年到 1984 年共 20 年，总收益率是 5594%，年化收益率是 22%，仍然每年投资收益都是正的，仅 1976 年的收益率超过 50%。
- 第三阶段从 1985 年到 2004 年共 20 年，总收益率是 5417%，年化收益率大约是 22%，第三阶段仅 2001 年收益是负的，仍然没有哪一年的收益率超过 50%。
- 第四阶段从 2005 年到 2009 年共 5 年，总收益率是 53%。
- 45 年的总收益率是 440121.43%，增长了 4401 倍，累计 45 年年化收益率是 20.5%。

巴菲特只需做到年化收益率 20%，就足以成为这个星球上炒股最厉害的人了。

长期稳定盈利是所有投机市场参与人士所面对的哥德巴赫猜想。能做到的人寥若晨星。具体难在哪里呢? 笔者认为有两方面。

- 一是保持长期稳定的盈利极难。正如上面举的例子，就算第一年能赚 40%，但只要第二年亏 25%，就几乎回到了起点，两年下来仅增长 5%。在漫长的时间长河中，你没有任何犯错的余地，只要哪一年发生巨额亏损，就足以将之前所有的积累一朝耗尽。这就意味着，你在股市中的时间越长，投入的越多，最终盈利的概率就越低。
- 二是本金的数量级别也会导致心态发生变化，盈利的空间也会越来越小。100 元赚到 200 元和 1 亿元赚到 2 亿元，同样是翻倍，但需要的心态和努力程度却有天壤之别。

除股市之外，其他投机市场也是同样的道理。2008 年豆油价格的狂飙造就了武汉退休女教师万群的5万元变1300万元的财富梦，但随之而来的暴跌将这个梦敲了个粉碎。

因此，巴菲特不可能被简单复制，作为一个零和博弈的市场，自然会有无数的人为巴菲特积累的巨额财富买单。

TIPS

对于一个普通投资者来说，认清复合收益率的本质，从而制定一个合理的年收益目标（如10%），才是克服自己贪婪的一个重要途径。另外，如果发生了大量盈利，笔者也建议及时结算头寸，并始终保持本金的规模维持在自己的财富吞吐量之内。

4.2.3 如何减轻自己的恐惧

恐惧和贪婪是一对孪生兄弟。失去财富的恐惧，与攫取更多财富的贪婪，随时都可以相互转化。但相比于贪婪，恐惧的情绪更容易蔓延，其爆发的力度也更为激烈，比如市场暴跌时候发生的“踩踏”。

所以，要减轻自己的恐惧，其本质上也是从减轻贪婪入手。

1. 建立严格的仓位管理意识

在2015年7月股灾中，电视台的财经节目总是聚集着一大群专家，每天指点江山高谈阔论。而他们讨论的核心其实就一点：下跌什么时候结束？什么时候可以抄底?

于是，每当市场呈现阶段性见底的特征时，就往往有专家站出来激动宣布：市场已经见底，可以考虑重仓/满仓投入。

市场到底有没有见底，之后的走势或是印证了这一点，或是给了专家一记响亮的耳光。但这并不是重点。重点在于，“重仓”“满仓”投入，是否合适?

在笔者看来，如果股票投资也分等级，如幼儿园、小学、中学、大学，那么每一个有着满仓投入思想的人，相当于幼儿园还没毕业。每一个随时随地有着重仓投入思想的人，相当于小学还没毕业。

重仓、满仓来自于贪婪。假设在自己预测当中，大盘 / 看中的个股明天可能拉一个涨停板，那么满仓投入就是赚了 10%，而半仓投入就只有赚 5%。

但你有没有想过，如果市场不跟着你的预测走呢？如果不是拉个涨停板，而是跌停板呢？那么满仓投入就是亏损 10%，而且彻底套牢没有任何补救余地；半仓投入只有亏 5%，而且还有一半生力军可以让你耐心寻找拉低成本的机会。

所以，关键问题在于，你的预测到底有多靠谱？专家的话到底有多靠谱？

笔者认为，任何市场都是无法完全准确预测的。不管是一般散户，还是机构、主力，还是股神、大师，都无法做到 100% 预测，更无法 100% 操控（笔者反对主力操盘论，除非是老鼠仓）。

这事儿如果往深里说，就涉及量子力学了——尽管爱因斯坦说过“上帝不会掷骰子”，但随后半个多世纪的量子力学发展已经证明，微观世界的粒子的运动、状态和分布具有不确定性。而我们的市场则是成千上万的投资者意志所组合而成，这些意志形成的合力的物理数值也是只能推测，无法确定的。

每一个投资者手里的本金都像一支可供其调遣的军队。而对于一个合格的统帅而言，如果仅仅是侦测到了敌情，就将所有军力都向一个未知区域投入，那么无疑会面临很大的风险。在这种情况下，投资行为就变成了赌博行为。也许可以赌赢一次或两次，但如果养成了习惯，那么终有一天会输得血本无归，乃至全军覆没。

所以，仓位管理的出发点就在于认识到市场的不可预测性，从而始终给自己留有余地，留有后路，手里的预备部队随时可以待命出击。

仓位管理为什么可以降低恐惧呢？因为重仓满仓投入尽管是由于贪婪引发，但随着头寸的建立，随之而来的就是对市场走势的恐惧了——一旦有风吹草动，你的损失就非常大，从而患得患失，进退失据。只有养成仓位管理的习惯，你才有勇气和底气与无法预知的市场去周旋。

就具体策略而言：

- 如果是在一个下跌市，那么要牢记“下跌不言底”的格言，只有在明确有见底信号的时候，才能轻仓投入（10% ~ 30%）；之后如果市场见底回升，那么再投入 20%，如果市场继续下跌，就保持观望。
- 如果是在震荡市，那么在触及箱体下沿、上沿时分别可以轻仓建立多单或空单，如果市场继续震荡，可以加仓。
- 如果是在上涨市，那么在回调时也可以轻仓投入，并在突破关键阻力位以后适当加仓。

这样操作，很可能比起你本来重仓或满仓投入能赚到的要少；但是仓位管理的本质就是通过减少赌博行为给自己带来的潜在收益，从而控制风险。

更重要的是，只要你不是重仓或满仓，那你至少每天能睡得着觉了。

2. 降低炒股在投资理财中的比重

关于这一点，其实可以用笔者在上文中介绍的两个理论来解释。

一个就是投资理财资金的复合收益率。笔者在第 1 章中提到，“股票和黄金”这个高风险因素，仅仅占到了 20% 的比例，就能够左右复合收益率从 2.5% 到 6.5% 的变化。大家可以想象，如果股票和黄金占到 50% 甚至以上比例，复合收益率就是完全不可控的。而“不可控”恰恰是人类产生恐惧的重要来源（也就是对于未知世界的恐惧）。

另一个就是财富的吞吐量。如果在股市中投入的资金量超出自己财富的吞吐量，就很容易引发一系列精神反应乃至生理反应。对于普通工薪阶层而言，笔者曾见过仅投入区区几千元就心神不宁的人（即使其拥有的房产价值几百万元）。而财富吞吐量较大的人，则往往都去创业、做生意或炒房了。尽管没有专门统计，笔者认为散户当中财富吞吐量较小的人占了相当大的比例。

因此，只有降低在股市（或其他投机市场）中投入的资金占自己全部流动资金的比重，才能有效避免由于复合收益率不可控、财富吞吐量较小而导致的恐惧感。

总体来说，即便你能有效地降低贪婪和恐惧，也并不意味着你就一定盈利。但是，如果你始终被贪婪、恐惧纠缠困扰，那么即便你能得到暂时的盈利，之后的道路也会非常艰险。

每天的正常生活不受投机市场波动的影响，始终保持本心，这样你才能实现“可持续炒股”。否则，如果每天的心情都像坐过山车一样，把正常生活节奏都打乱了，就是完全得不偿失了——即便你能实现一些盈利。

4.3　投机市场中的基本原理

如上文所述，如果你认为自己已经能较好地克服贪婪和恐惧，就可以摩拳擦掌投入实战了。

4.3.1　基本面、消息面和技术面

分析股票或其他投资品种，总是离不开“三碗面”——基本面、消息面、技术面。

关注基本面，就是关注一个上市公司的经营理念策略、财务报表、市盈率、股票所处板块，乃至于中国宏观经济的运行态势；对于其他投资品种如现货黄金而言，就是关注其与美元指数、原油等大宗商品诸般指标之间的联动关系，ETF 的增减仓情况，等等。

基本面在分析预测中能起到多大作用呢？在笔者看来，基本面只与月线级别的走势有关系，一般情况下是无法用来指导小级别（如日线级别）操作的。但在实践中，很多人往往只是从基本面情况的好坏出发来决定短线的买入卖出，这其实跟掷骰子没有区别。

而消息面则可能带有误导性。即使是完全真实的信息，市场的反应也可

以是截然不同的，如降息降准，比如美国非农就业指数好于或逊于预期。这其中的原理是什么呢？因为如果是利好消息，那么很可能在消息出台之前，市场就已经形成了预期，从而带动上涨；而一旦消息出台，就是“利好出尽”，市场反而发生回调，利空消息也是同理。但是作为一个普通投资者，你永远无法预测到利好或利空消息给市场带来影响的程度，因为你无法准确判断市场预期的高度。更不用说那些所谓的“内幕消息”，甚至是空穴来风的消息了。凭着这些所谓的消息就来决定操作，跟掷骰子也同样没什么区别。

而技术面呢？笔者认为，对于一个普通投资者而言，其在信息获得渠道方面与专业机构投资者（即所谓的主力）是完全不对等的。因此，普通投资者必须掌握一定的技术。例如，用中长线技术指标来发现见底、见顶、突破信号；用短线技术指标来判断入市时机，等等。

但诸如均线、MACD、图形这些技术分析手段，分析出来的是市场对投资者行为的体现。能够带来的是当前市场信号，这对未来市场的判断仍然是不确定的。而且，某些场合中也会存在骗线、诱多、诱空的现象，使得一些学艺不精、对于技术指标掌握不深的散户上当受骗。

在股市中，没有任何一种技术分析或多种技术分析结合就可以永远有效，如果有，那就是违规的。

4.3.2 技术的真正意义：预测 VS 计划

有些读者可能会问：基本面不能指导短线，消息面不可靠，技术面又容易上当受骗，那岂不是炒股都不能预测了？

是的。每一个投资者都必须认识到这样一个事实，那就是：市场永远都无法完全准确预测，永远都要敬畏市场。

那么技术的价值何在？技术的真正意义就在于帮助投资者制订投资计划和交易策略。计划和策略是交易的基础，比预测更为重要。

市场上有很多专家和分析师，他们的职责是分析和预测市场，他们不参与实盘交易，是只说不做的理论派。他们往往会选择性地遗忘那些预测失败的部分，夸大凑巧预测准确的部分，让公众对其产生敬仰和依赖。他们往往主观臆测多于客观分析，而且喜欢用各种貌似专业的、难懂的术语来显示自己的专业和神秘，从而建立自己的声誉并从中获利。

而普通投资者是直接与市场打交道的，需要的是实实在在地从交易中获利。如果你认为提高预测能力就是盈利的途径，那么不管你多么优秀、多么刻苦，哪怕曾经精准地预测过顶底，最终也难以摆脱失败的命运——因为市场的基本特征就是无序和不可预测。

你并不需要做全部行情的总导演，对行情在哪里加速、哪里拐弯、哪里停顿都把握得一清二楚，对所有行情都不想错过。你需要做的是一个优秀的狙击手，只抓住符合自己交易系统的、进入自己策略伏击圈的交易机会即可。投资并不是一场惊心动魄或者让人倍感压力的赌博，而是一种淡然的人生态度。

那么，对于普通投资者而言，应当如何制订自己的投资计划和交易策略?

- 交易机会的捕捉。首先利用自己得到的有限信息，以及对于技术面的分析，制订出应对未来市场几种主要变化的策略。在这一方面，笔者还是提倡投资者能熟练掌握均线的运用、MACD 及几种基本图形和形态，例如，黄金三角、死亡三角、上升 / 下降三角、上升 / 下降通道、头肩顶、头肩底、W 底 / 顶、趋势线、布林线等。但要牢记，技术分析只是帮助自己制订策略，一定要杜绝自己的技术分析能准确预测未来走势这样的错误理念。另外，也不需要掌握太多的指标，只要能真正把均线、MACD 和形态这三大方面掌握好，就够用了。
- 风险控制和资金管理。在出现自己策略中预设的机会时，即使概率再大，也永远从轻仓、短线入手。提到短线，很多投资者可能会不屑一顾：我做的都是中长线！但实际上，自从他们买入所谓“中长线股”之后，就每天被短线的走势所牵动，被涨涨跌跌弄得心神不宁。这种实际上也是短线。判断你投资的是长线还是短线，完全取决于你对盈利实现的预期——如果你不在意短线的得失，只关注几周或几个月以后的盈利，则是中长线；反之，无论你计划与否，都是短线。

- 如果短线单子发生了盈利，再根据自己的资金管理原则调整仓位，不断上移止损点，慢慢做成中线、长线。多单是养出来的，而多单终结的时候，最好是在你预先设置的止损点出场（这个时候的止损点已经高于了你的成本）。

TIPS

从心态来说，永远要有让自己吃一点亏的心态（也就是止损点出场）。

- 如果短线单子发生了亏损，这种情况下要不要继续加仓？答案是否定的。短线单子亏损，有相当一部分情况来自于盲目抄底。

TIPS

有一句话需要牢记：下跌不言底。

越下跌越加仓这种行为，本质上就是和市场趋势对着干，最终也一定会受到市场的惩罚。只有一种情况可以加仓，那就是根据你的技术指标和交易系统，判断市场已经见底并出现回升的情况（如果那时候你的单子还没止损）。

- 如果不加仓，那么亏损单子如何处理？

对于带杠杆的交易，一定要设置严格的止损点，到了点位果断斩仓出局；对于不带保证金的交易，对于止损点的要求没那么严格，但也一定要有及时止损的意识。尤其在一个不断下跌的熊市中（比如 2015 年 7 月就是最好的例证），如果及时止损，就能避免之后更大的损失；而那些越跌越加仓的，直到现在还套在里面。

4.3.3 抄底和逃顶

抄到历史大底，并在历史大顶上成功逃出，这是很多股民的终极梦想。然而，笔者要说的是：如果可以买在最低，卖在最高，这种人是上帝。

要炒股或参与其他投机市场，需要摒弃的心态之一，就是盲目抄底。据统计，所有市场上出现过的股神、投资大师，其最终亏损破产的原因 70% 来自于抄底。

为什么盲目抄底不可取？首先如上文所说的，下跌不言底，因此，抄底的行为和市场趋势背道而驰，是一种自作聪明的左侧交易行为。你怎么知道你一旦建立仓位，市场趋势就能如你预测的那样发生反转呢？

要知道，从一个不断下跌或者持续在底部盘整的熊市转为上涨，是需要诸多因素配合的，是没有那么容易的。这样的上涨远比股市达到高点后转为下跌艰难。笔者虽然在上文中提倡学习基本技术，如 MACD 底背离、W 底、头肩底等底部形态，但要切记的是，这些技术指标在预测是否真正见底这方面，是相对不灵敏的（尤其是 MACD 底背离形态）。

在什么情况下可以抄底呢？那就是市场处在上升趋势中发生回调之时。此时，只要大级别的上升趋势不变，就可以轻仓入市抄底。

在一个熊市当中，什么时候可以抄底呢？如上所说，要观察各种因素是否成熟。其中一个很重要的因素就是资金面。

很多人可能发现，中国近几年来股市和楼市形成了跷跷板效应。例如，在 2014 年第四季度到 2015 年上半年，楼市一片低迷萧条景象，而股市却红红火火，创出了 5000 点以上的高度。而当 2015 年 6 月到 7 月股灾发生以后，资金就迅速从股市转移到了楼市，股指不断下跌的同时，房价却节节创出新高。

所以，当一、二线楼市仍处于狂热之中时，就可以基本判断资金还不会流入股市；再结合对大周期的技术分析，就能得出目前股市还无法恢复牛市的结论。

而真正的见底信号，往往是舆论为先锋导向，配合开户数逐渐增加，从而真实勾勒出资金流入股市的场景。此时，再结合技术面（比如大级别出现多重底背离加上金叉、头肩底有效突破颈线），就能大致确定见底信号了。

说完抄底，再来说说逃顶。

如果说抄底需要谨慎，需要“慢”，那么逃顶就是相反：需要大胆，需要“快”。

在 2015 年 6 月股市见顶前夕，出现了两大征兆：

一是大盘股指创新高，但新增开户数却出现了下降——这是一个很危险的信号，表明给股市输血的速度已经慢下来了。

二是从技术上看，2015 年 6 月 15 日的 A 股大盘日线 MACD 形成了顶背离。顶背离带来了 6 月 19 日的初次大跌。后来的股灾也验证了这一判断。

一个典型的 MACD 形态如图 4-1 所示，当股价不断走高，而 MACD 快慢线形成的波峰却不断降低、能量柱不断缩短时，就构成了相应的时间周期的 MACD 顶背离。

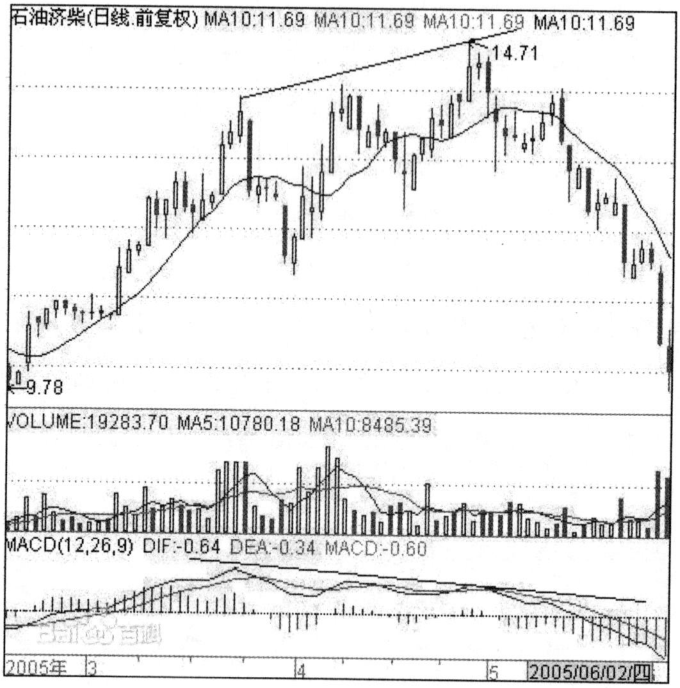

图 4-1 MACD 顶背离形态

国内股评界比较忽视技术的作用。诚然，技术的运用有其局限性，在行情研判思路中占比不能过大。但是通过对大盘股指的技术指标观察，能体会到整个市场是否在膨胀或萎缩，以及市场中所有投资者是过于贪婪还是过于恐慌。这种情绪是弥散性的。尤其是顶背离这个指标，具有很好的前瞻作用。2015 年 12 月 28 日，A 股日线 MACD 再次形成了顶背离。后来的事情大家都知道，发生了中国历史乃至世界历史上空前绝后的一周内两次熔断。

当然，顶背离有时候也会具有欺骗性，如“背离性上涨”。所以，在判断逃顶时，还是要结合资金面的判断（如开户数、楼市与股市互动关系等）。但是，宁可错杀，宁可踏空，也胜过犹豫不决。如上文所说，即使踏空，也吃到了这一波利润；而犹豫不决的后果，就是深度套牢，几个月乃至几年无法翻身。而从策略角度讲，当发现顶背离信号时就分批减仓，应该是一个比较稳妥的方式。

在笔者看来，掌握基本的技术分析手段，是炒股的必备武器，很难想象有些人丝毫不懂技术也敢投入重金炒股。当然，技术不是万能的，如底背离指标远没有顶背离灵验和有效；但是，技术仍然是防身的利器，技术是让一个毫无背景的散户对抗机构、内幕消息者的唯一有效手段。

4.3.4　A 股的盈利模式

A 股二十年来的历史表明，A 股存在的主要意义是帮国企融资、帮一级市场股东圈钱。正因为如此，A 股中的大部分股票不具备长线投资价值，不适合进行价值投资，而只能做波段。

所谓做波段，从近十年来看，只有 2006 到 2007 年、2008 年 10 月到 2010 年，以及 2014 年 10 月到 2015 年 6 月这三个主升浪。其余时间只能做短线震荡的交易，快进快出，而不适合任何以“价值”为导向的投资。

从这三个主升浪的技术表现来看，有以下特点：

- 之前都经过了长时间的下跌和底部盘整。
- 出现了见底信号。
- 在上涨过程中出现了明显的开户数增加、舆论导向，等等。
- 上涨过程不带有明显的回调。

因此，笔者认为，一项正确的投资思路只能是：在一波漫长的下跌、底部盘整之后，找到见底信号，买入并持有（一开始就分散投在几个个股，而不是频繁换股），直至看到见顶信号。在见顶信号出现后，离场，不再参与，如此周而复始。

要实现上述目标，需要以下素质：

- 具备必要的技术知识。本书不负责科普，读者可以通过购买其他书籍，或者在百度百科上自行学习。上文中所说的抄底和逃顶，就是这方面的基本技术指导。
- 不把炒股作为主业。一旦把炒股作为主业，就很难做到买入后坚定持有决不调仓，也很难做到发现见顶信号以后离场并坚决不参与。笔者认为，如果真想把炒股作为主业，就安安心心做快进快出的震荡交易，任何仓位都不宜持有太久。
- 对于炒股这件事有良好的认识，不将其作为赚钱的主要来源，而只是投资的各种方式之一。如此，当你买入股票并持有的时候，就和你买入基金债券信托 P2P 乃至银行定存几乎是同一性质的投资活动。
- 具有良好的仓位管理素质，并且在没有很高的水平时，坚决不用杠杆。

第 5 章

理财产品市场掠影

第 4 章中主要讨论了以股票为代表的浮动收益产品。与此相对，由于“固收”产品（也就是固定收益的理财产品）稳定和便捷，是很多人的首选。接下来，将讨论目前在中国固收理财产品市场发生中的种种现象，以及这些现象背后的故事。

5.1 天使与魔鬼——互联网 P2P 理财与线下理财

互联网理财最早进入广大人民群众的视野，也许就是 2013 年华丽亮相的余额宝——虽然是借着当时钱荒的东风。随后，各种货币基金（各种“宝”），以及随之而来的高收益率 P2P 产品，也陆续走进了公众视野，风头一时无两。

而与此同时，线下理财也开始蓬勃发展。如果你生活在大城市，那么细心观察就不难发现，各类挂着金融理财名头的公司如雨后春笋般出现在街边和商场，用远超过银行利率的收益率吸引着人们的眼球。

在本节中，笔者并不打算多谈各种“宝”，因为货币基金相对而言是最安全的固收理财方式之一，其收益率也早就没有了吸引力，一般只能作为资金周转时候的过渡，或是降低整体理财规划风险所做的配置，所以，本节将重点介绍互联网 P2P 理财与线下理财。

5.1.1 互联网 P2P 理财概况

截至 2015 年底，我国金融机构和第三方理财总规模为 81.18 万亿元。银行、信托、券商和保险是最大的理财机构，如表 5-1 所示。

表 5-1 理财机构

理财机构	金额	比例
银行	23.5 万亿元	28.95%
信托	16.3 万亿元	20.08%
券商	11.89 万亿元	14.65%
保险	11.86 万亿元	14.61%
基金公司	基金专户 4.03 万亿元	20.51%
	基金子公司 8.57 万亿元	
	私募基金 4.05 万亿元	
互联网 P2P 理财	9800 亿元	1.21%

2015 年的理财市场，最大的亮点莫过于互联网 P2P 理财。尽管其占理财产品总规模的比例还很低，但增长速度却着实惊人——全年，P2P 网贷成交额历史性的最高点达到 9823.04 亿元，是 2014 年成交额的近 4 倍。截至 2015 年年底，P2P 运营平台数达 2595 家，网贷贷款余额达 4395 亿元，同比增长 324%。

从区域分布来看，P2P 平台主要分布在经济发达地区，其中广东、山东、北京、浙江、上海和江苏的平台数量占总数的 68%。

从资金用途来看，P2P 网贷资金的主要用途是家庭消费金融（包括日常消费、装修、购车、购房等）、投资创业、资金周转和生产经营等。截至 2016 年 2 月 19 日，处于还款中的借贷合约中，41% 的借款用途为资金周转，30% 为房屋装修，10% 为日常消费。值得注意的是，扩大生产、经营和购买货物 / 原材料 / 设备也占全部借款的 12%。

此外，不仅是家庭，小私营企业也通过 P2P 平台进行融资。笔者在工作中经常对一些公司进行调研，发现一般私人的小公司、小企业是很难从银行（尤其是四大国有银行）那里贷到资金的。因此，P2P 平台除了缓解居民的资金周转问题外，也缓解了此类小私营企业的信贷约束。

从期限和收益率角度看，2015 年平均期限为 6.81 个月，综合收益率为

13.29%。然而可以看到，从 2015 年年初的 14.92%，到年底的 11.25%，收益率是逐月下降的，比 2013 年有显著下降。这些都与投资者的刚性兑付预期有关。

5.1.2　高收益、高风险的 P2P 理财

互联网 P2P 理财发展速度如此之快，除了为私人和小微企业提供融资便利之外，最大的特点莫过于其标榜的高收益率。试想，动辄 10% 以上甚至更高的收益率，对比同期银行理财产品的收益率却只有 4% ~ 6%，更不用说只有 2% 左右的银行定存率。即使是 2013 年一度风光的余额宝，其利率也一路走低，不复当年之勇。所以，手中有些闲钱且具备一些胆量的投资者，自然对互联网 P2P 理财这种高收益率趋之若鹜。

2015 年是互联网 P2P 理财坎坷的一年，随着宏观经济的下行和部分企业财务状况的恶化，P2P 平台的违约现象日益严重。全年问题平台（包括停业、跑路、提现困难、经侦介入）数量为 896 家，是 2014 年的 2.26 倍。问题平台中跑路的占 55%，提现困难的占 29%，停业的占 15%，经侦介入的占 1%。

其中，e 租宝事件使得大众对于 P2P 的风险格外关注。

e 租宝全称为“金易融（北京）网络科技有限公司”，是钰诚集团全资子公司，注册资本金 1 亿元。2014 年 7 月 21 日，e 租宝平台上线。此后，其交易规模快速挤入行业前列。

截至 2015 年 12 月 8 日，根据其官方数据显示，e 租宝平台投资总额累计已超过 750 亿元，第三方统计数据则称其平台待收余额 700 亿元左右。截至 2015 年 12 月初，e 租宝单日、7 日、30 日累计的成交额已经跃居网贷行业第一名。

然而在 2015 年 12 月 16 日，e 租宝因涉嫌犯罪，被立案侦查；2016 年 1 月警方公布 e 租宝非法集资 500 多亿元。此时，e 租宝这个巨大的互联网“庞氏骗局”才逐渐暴露在光天化日之下。

这个曾经被某些权威媒体报道过的钰诚集团及其关联公司（钰诚系），到底是如何行骗的呢?

- 以高额利息为诱饵，虚构融资租赁项目。e 租宝对外宣称，其经营模式是由集团下属的融资租赁公司与项目公司签订协议，然后在 e 租宝平台上以债权转让的形式发标融资；融到资金后，项目公司向租赁公司支付租金，租赁公司则向投资人支付收益和本金。但实际上，从一开始这就是一场空手套白狼的骗局，所谓的融资租赁项目根本名不副实（e 租宝平台上 95% 的项目都是假的）。虚构项目则是注册空壳项目公司或收买真实企业等，有的公司甚至被 e 租宝冒名挂到网上融资。
- 为了让投资者相信项目的可靠性，钰诚系还直接控制了 3 家担保公司和一家保理公司，为 e 租宝的项目担保。自然，这种担保也是假担保。
- 向投资者许下“高收益低风险”的承诺。“1 元起投，随时赎回，高收益低风险”是 e 租宝广为宣传的口号。很多投资人表示，他们就是听信了 e 租宝保本保息、灵活支取的承诺才上当受骗的。e 租宝共推出过 6 款产品，预期年化收益率为 9% ~ 14.6%，远高于一般银行理财产品的收益率。
- 接下来，e 租宝就持续使用借新还旧、自我担保等方式持续大量非法吸收公众资金，一年半内非法吸收资金 500 多亿元，受害投资人遍布全国 31 个省市区。为了让投资人增强投资信心，他们还采用了更改企业注册金等方式包装项目。
- 除了将一部分吸取的资金用于还本付息之外，钰诚系还将相当一部分资金用于高管个人挥霍、维持公司的巨额运行成本（如高昂的员工薪金）、投资不良债权及广告炒作。例如，e 租宝平台实际控制人、钰诚集团董事会执行局主席丁宁与数名集团女高管关系密切，私生活极其奢侈，大肆挥霍投资者的资金，其中赠予他人的现金、房产、车辆、奢侈品的价值就达到 10 余亿元。为了给公众留下“财大气粗”的印象，丁宁还要求办公室几十个秘书全身穿戴奢侈品牌的首饰和制服，以“展示公司形象”；从 2014 年开始先后花费上亿元大量投放广告进行“病毒式营销”。

由于公司的开销水涨船高，而虚构的项目导致缺乏实际收入（整个钰诚系的实际利润尚不足 1 亿元），因此，到了后期，可支配流动资金持续紧张，资金链随时面临断裂的风险。此时，e 租宝高管除了不断催促上新项目之外，就开始转移资金、销毁证据、准备潜逃。

对于上当受骗的投资者而言，最残酷的事实是当他们把钱投入到 e 租宝这个“庞氏骗局”平台中的一刹那，他们就再也拿不回钱了——即便 e 租宝事件在集中兑付风险到来之前已经被警方查获，但绝大多数的资金已经被挥霍一空，再也追不回来了。

所谓“庞氏骗局”，就是对先进来的投资者许诺以高利润，并用后进来的投资者的本金去偿付先进来的投资者的利润，从而像滚雪球一样越滚越大，直到欠下的本金和利润在某个点需要集中兑现而无法偿付时，骗局的泡沫即破灭。

5.1.3　高空走钢丝的线下理财平台

与互联网 P2P 理财平台类似，近两年来中国还涌现出了一大批线下理财公司。它们往往打着“某某财富”“某某投资”“某某金融”的名号，实际从事的业务多是描绘一个项目，然后让投资者往里投钱，并许诺以高额的回报。P2P 的性质是债权融资，这些线下理财公司主要是股权融资。

在笔者看来，由于这些线下理财公司许诺的利益回报比互联网 P2P 平台更高，因此，其风险也远甚于互联网 P2P 平台——简直就像是一个普通人在高空走钢丝一样，安全抵达对岸（拿回全部本金和许诺的高收益）的概率往往是非常低的。

关于线下理财平台也发生了一起和 e 租宝类似的“庞氏骗局”，那就是中晋事件。

从 2012 年 7 月起，以徐勤为实际控制人的“中晋系”公司先后在上海及其他省份投资注册 50 余家子公司，并控制 100 余家有限合伙企业，租赁高档商务楼，雇佣大量业务员，通过网上宣传、线下推广等方式，利用虚假业务、关联交易、虚增业绩等手段骗取投资人的信任，并以“中晋合伙人计划”的名义变相承诺高额年化收益，向不特定公众大肆非法吸收资金。

中晋公司的行骗方式与 e 租宝非常相似。

- 作为一名普通上海市民、工人家庭出身的徐勤，一开始只是注册了一家带有“中晋”二字的财务咨询公司。最初，他以许诺每月 2% 的收益率，短时间内，就从 40 名左右的投资者那里募集到了 5000 万元。
- 第一桶金使得徐勤的野心变得更大，他想要募集 50 亿元资金。为了完成目标，他砸下重金包装中晋公司。金茂大厦、环球金融中心、外滩 5 号，这些上海滩上声名赫赫的 CBD 写字楼就是中晋的经营场所。此外，中晋还进行了高强度对外宣传，找了著名台球运动员代言、电视节目冠名、在市中心打上显眼广告牌、赞助马队和帆船赛等。通过种种包装手段，“中晋系”一下子被贴上了高大上的标签。
- 与此同时，中晋公司持续用 10% ~ 25% 不等的高收益来吸引投资者，之后更是推出了收益率高达 400% 的产品。为了完成 50 亿元的目标，徐勤成立了 220 多家有限合伙企业。成立这么多企业的原因，是想以私募股权基金的合法形式，来掩盖非法吸收公众存款的目的。因为按照证监会的要求，每个证券基金不得向超过 50 个投资者募集资金，而按照当时设计的募集资金的计划，他们需要设立 200 家以上的证券基金才能够募集到。
- 从受害投资者那里吸收到大量资金之后，徐勤等“中晋系”高管也进行了大量挥霍，其中徐勤一个人就挥霍近 5 亿元。截至案发，中晋公司已经累计向 2.5 万名投资者非法吸收近 399 亿元。

与 e 租宝一样，绝大部分中晋公司的受害投资者，也只能面对自己的血汗钱“肉包子打狗”的事实。

5.2　投资理财产品的基本指引

在面对固收理财市场上形形色色的诱惑时，我们必须保持清醒的头脑，并掌握一定的方法来识别哪些产品该投资、哪些不该投资，从而保护好自己的本金。

5.2.1　如何识别问题平台

通过第 5.1 节的案例分析，可以看到：绝大部分跑路平台都存在“承诺高收益”的特征，而 e 租宝和中晋公司则是其中的典型。

作为一名普通投资者，省吃俭用攒下了一笔钱，在渴望这笔钱增值的同时，自然也不希望遭到血本无归的结局。因此，投资者需要擦亮眼睛，学会识别可能存在潜在风险和问题的理财产品和平台（以下简称“问题平台”）。笔者总结了问题平台的以下几个特征。

1．问题平台往往比较高调

从我们对 e 租宝和中晋公司的案例分析中可以看到，如果一个理财产品或平台从一开始就打定主意要坑骗消费者，筹足资金以后就用于铺张浪费或卷款潜逃，那么其一定会花大力气去做营销、广告和宣传，以极为高调的姿态出现在公众的视野当中。

与此同时，如果一个理财产品或平台花了巨额费用在广告营销上面，再扣除其许诺给投资者的高额回报，那么这个产品的运营方怎么可能赚到钱呢？如果赚不到钱，那就必然无法可持续发展，也就意味着最后要么是平台破产、无法兑付，要么就是人员跑路。

所以，不要被任何夸张的广告和宣传迷乱了双眼。要记住，理财产品和医院一样，广告越多越不可靠。从经济学上说，只有利用不对称信息才能赚到大钱，比如很多低调不为公众所知，但能带来高额回报的私募产品、股权投资等。而如果是人人都知道的东西，你又怎么可能赚到钱呢？

2．问题平台的扩张速度总是非常迅速

一个立足于诈骗的问题平台，当然不可能稳扎稳打地经营。投资者可以从其宣传中看到，其业务扩张速度一般都会非常迅速（当然，这也会作为其吹嘘自己的一个优势），门店会在短时间内大幅增加，并且会经常向社会发布招聘信息。

庞大的体型、无数的分公司和门店表面看起来是实力的体现，其实却是虚胖的表现，因为这意味着资金流向极其复杂，外人很难搞懂它的模式，潜藏的风险不可预计。

另外，此类问题平台在把盘子做得很大的同时，也会出现很多与金融不相关的内容，喜欢讲社会贡献。

3．问题平台容易流出负面消息

由于这些问题平台的动机从一开始就不纯，因此，在运作中必然会露出种种蛛丝马迹。渐渐地，从这些公司离职的员工也会爆出一些负面新闻或黑幕（如中晋公司）。因此，在挑选一款理财产品时（尤其是 P2P 平台或理财平台等），在网络搜索引擎中查一下其背景信息还是非常有必要的。

有些产品虽然不是为了诈骗或非法吸收公众资金，但也可能会在经营过程中会遇到困难无法及时兑付，这种潜在问题也能在事先调查中有所查知。例如，有一款投资养老产业的线下理财平台，其运营公司可以查到是合法注册并且注册资金有 6000 万元，但信息显示其名下有几十件法院执行记录。这就说明这家公司的运营一直是拆东墙补西墙，随时可能发生资金链紧张或断裂因而被债权人告上法院并执行。

对于此类信息，投资者需要掌握基本的搜索技巧，并在手机上安装相应的查询企业信息的 APP 软件。

4. 问题平台往往对投资者承诺高收益

为了吸引投资者上钩，问题平台总是喜欢给予投资者十足的信心，如承诺实现多少收益率、保底多少收益率等，这就是所谓的“刚性兑付”。

但是笔者要提醒各位的是，根据中国现行法律法规，任何理财产品都不允许承诺保底收益率。因此，任何关于刚性兑付的承诺本身就是违法的。

另外，投资的基本原理就是预期收益越高，风险越高。风险与利润总是如影随形。例如，有些信托产品及分级基金将投资者分为 A 级（优先级）和 B 级（劣后级），其中优先级能享有相对稳定但百分比较少的收益，劣后级能享有扣除优先级投资者收益之外的其他所有收益，但如果产品发生亏损，劣后级也需负责补足优先级投资者的收益。所以，劣后级的收益率相对不稳定，在产品大幅盈利的时候收益率远超过优先级，而在产品大幅亏损的时候也同样会损失惨重。

因此，世界上不存在任何一款收益很高但同时零风险（也就是保底收益）的产品。天上是不会掉馅饼的，要想取得收益，就要付出代价。

5. 问题平台的收益率往往远高于社会总体融资成本

在第 1 章笔者介绍过“钱的成本”，也就是社会总体融资成本的问题。我们来复习一下：一段时期内社会总体融资成本主要由央行公布的银行贷款基准利率、上海银行间同业拆放利率及银行向中小企业贷款的利率决定。

假设当下的社会总体融资成本为 7% 左右，那么，理财产品的一年期收益率就最好不要超过这个数的上浮 1 ~ 2 个点，也就是不超过 8% ~ 9%（短周期如 1 个月、3 个月、半年期收益率相应调减）。至于那些承诺收益率十几个点的理财产品，不用看任何宣传，果断摒弃。

对于任何一款理财产品来说，收益率指的是产品给予投资者的回报的多少，是在扣除平台风控措施和平台自身利润后，剩下的那部分。因此，理财平台给予投资者的回报越高，就意味着自身风控措施越弱，自身利润越低。试问，这样一个理财平台能安全吗？能持久吗？能让投资者放心吗？

TIPS

投资者需要明白这样一个基本原理：一个理财产品的预期收益率可以视为它的价格。预期收益率越高的产品，价格越低廉，但同时质量也比较低劣。预期收益率越低的产品，价格越高，身份越尊贵。身份最尊贵的当然是银行定存，利率最低，风险最小。

5.2.2 如何认准可以投资的理财产品和平台

在当前的市场上，中国人的投资理财渠道还是相对单一的——大部分人都将资金投在了房产和股票当中。但是对于一般老百姓而言，高不可攀的房价使得房产投资成为一句空谈（有一两套自住用房已经很不错了）；而股市的大起大落也让人没法放心地把大笔资金都放在里面。

因此，在努力回避问题平台的同时，我们还是希望能找到一个良好可靠的理财产品或平台，从而让自己的闲散资金能得到最大程度的增值。

笔者先声明：本书不推荐任何具体的理财产品。除了避免广告或枪手的嫌疑之外，还因为每一款产品都具有时效性，也许目前是安全的，但过一两年之后可能就会出问题。

古人有云：授人以鱼不如授之以渔。下面笔者就介绍一下如何去认准一款可以投资的理财产品或平台。其实，这与识别问题平台的方式有很多是相互对应的。

1．可靠的理财产品和平台往往有着相对实际的收益率

例如，在 2016 年的市场上，如果一款 P2P 产品一年期的预期收益率为 9% 左右（也就是不超过社会总体融资成本太多），那么这款 P2P 产品至少就预期收益率而言是相对可靠的。当然，如果预期收益率更低，那么安全系数就更高。

当然，笔者所说的社会总体融资成本只是一个参考，实际 P2P 平台的预

期收益率并不是这么简单确定的，而是要考虑到实际放贷利率（目前民间高利贷利率普遍为 20% ~ 30%）、实际违约率（也就是高利贷无法收回的概率，大约为 8%）、风控措施（如风险拨备金）、费用和最终平台的利润等。

2．可靠的理财产品和平台往往有着清晰的结构

与问题平台的虚构项目、虚构第三方不同，一款良好可靠的理财产品，其产品结构必然是拿得出手的，而且容易为公众所理解。笔者也提倡投资者在对一款理财产品进行投资之前（尤其是大额投资），先适当了解这款产品的结构，不要投资自己不了解的产品。

对结构的考察可以包括以下方面。

- P2P 贷款的审查方式。例如，有些 P2P 平台是助贷模式，其自身不负责放贷而是向银行或信托公司提供担保，由银行或信托公司向实际借款人发放贷款，P2P 平台向实际借款人收取手续费和服务费作为其向投资者提供回报和自身利润的来源。在此模式中，由于银行或信托公司本身也要对业务进行实质性和真实性的审核，因此，贷款的安全系数就是相对较高的。
- 资产池是否足以覆盖坏账和成本（如果是诈骗性质的平台，是不敢向公众公布其资产池情况的）；是否有足够的风控措施（如上文提到的风险拨备金）以应对通常情况的违约风险。
- 平台自身是否能够为投资者提供担保，从而在某笔贷款发生违约时由平台先行偿付投资者。
- 产品的投资方向。最典型的就是银行理财产品，在办理该类产品时银行的理财经理往往会告知投资者这款产品的主要投资方向（如城建工程、房地产等）。而那些宣传自己投资“高新科技”的理财产品，往往就是圈钱的工具，例如，2016 年曾经名噪一时的“空中巴士（巴铁）”，后来被证明只是在炒作概念，根本无法投入实行，实质是一场理财骗局。

3. 可靠的理财产品和平台往往有国家或强大财团为其背书

这方面笔者不举实例，但投资者应该很容易能找到市场上一些比较著名的有国企背景的 P2P 和其他理财产品。

那么，如何去鉴定国企背景的真假呢？正如笔者在上文中提到，投资者可以通过一些简单的搜索技巧并结合相关 APP 的使用来确认 P2P/ 理财产品运营公司的股权关系，从而认清楚是真李逵还是假李鬼。

除了国企背景外，社会上比较知名的一些公司也会运作一些理财产品。投资者对于此类产品的信任度也相对较高——因为这些公司的强大实力就是产品的背书。而且此类公司对于社会信誉极为看重，一般不会允许自己名下的理财产品出现负面新闻。

与此相对的，如果一款理财产品宣传其旗下有很多公司（如中晋公司），就要打上一个大大的问号。一是这些公司有可能是为了规避某种政策而设立，二是由于目前实行注册资金认缴制的关系，设立一个皮包公司非常容易，因此，这些旗下公司根本无法证明平台运营公司本身的实力。

当然，即使再可靠的平台，笔者也不提倡投资者将所有本金都放在同一个篮子中——分散投资是最基本的金科玉律。

5.2.3 谈谈“路边理财公司”

在这里，笔者还想专门谈一下在城市较繁华地区看到的“路边理财公司”，也就是所谓的“财富管理公司”。

标准意义的财富管理公司，其实是指那些帮助客户提供资产配置建议的公司，他们依赖自身更广的信息、更专业的知识，帮助客户更好地管理资产，客户可以听，也可以不听，他们更多的是建议而已，并不代替客户做出决策。但是如果一家财富管理公司既帮客户管钱又做决策，那么这种公司实质上就是资产管理公司。

就全球的业态而言，绝大多数资产管理公司实质上都是亏损的，只有少部分是赚钱的——这就和股市一样，是正常情况，因为世界上的金融行业很大程度上就是零和甚至负和博弈，总是少部分人赚走了大部分人的钱。

另外，以中国的市场现状而言，财富管理公司实际上就是理财产品的二道贩子，其本质就是兜售不同的产品给投资者，然后赚取佣金。一旦采取了这种模式，那么就必然朝着“哪个产品佣金高就推荐买哪个”的路上走了，其结果就是不客观、不独立，真正的好产品可能不会销售，能销售的一般都是相对较差但是噱头十足的产品。

因此，就短期而言，路边理财公司也许能给投资者带来一定的回报。但这有可能只是基于一时的盈利，或者压根就是“庞氏骗局”。一旦社会整体经济状况、金融市场发生一些风吹草动，这些“财富管理公司”所管理的投资者资产就会面临很大的风险。

5.2.4　切勿为了追求“跑赢通胀”而盲目投资高收益率产品

如今，通胀这个经济学术语在普通老百姓之间已经变得家喻户晓。大家都知道现在钱越印越多，商品价格都水涨船高，手里的钱就越来越不值钱，也就是“变毛”了。

正是出于对通胀的恐惧，很多人才会关注如何“跑赢通胀”的方法，也就是如何让手里的钱尽快增值，而不是逐年贬值。这带来了正反两方面效果。

正面效果，就是大家开始逐渐意识到中国的商业银行存款利率还是比较低的。从 2013 年余额宝趁钱荒的时机打响了“六月革命”第一炮开始，中华大地上出现了壮观的“存款大搬家”现象——大家都明白，一个是定期存款只能拿 2% ~ 3% 的利息，另一个是活期存款能拿 5% ~ 6% 的利息，而且后者还没什么风险，那钱应该放哪里不是显而易见吗?

其实，存款大搬家的根源还在于中国商业银行的存款利率在当时并未像西方那样实现市场化（近年来才开始逐渐放开市场化），所以，无法灵活、准确地反映市场中资金的真实价值——也就是短期内的拆借利率。而由于余额宝这样的货币基金具备一定的与银行谈判优势，反映出了市场的真相。这也是为什么后来余额宝及其他货币基金的利率一路走低的缘故——市场再没有发生那样的钱荒，真实利率也是逐年降低。当然，货币基金的利率再低，也还是要比商业银行给予散户的定存率要高很多——这种水平的定存率在今天看来，只能说从骨子里透着傲慢了。

反面效果，则是很多人对于目前实际的通胀率过于高估，对于统计局公布的 CPI（中国居民消费价格指数）则完全不信任。例如，统计局公布的 CPI 只有 1.6%，而很多人却认为目前通胀仍然很厉害。在这种心态的驱使下，很多人开始盲目投资那些吹得天花乱坠、年回报率十几个点的理财产品，或是把大量本金投入股市、其他投机市场，只求能“跑赢通胀”，避免手里的钱快速贬值。然而，最后却可能会遇到理财产品平台跑路或无法兑付的灾难性结局。

实际上，“统计局 CPI”与“实际 CPI”的差距并不像我们想象的那么大。例如，2007 年，中国国家统计局所公布的 CPI 上涨 4.8%，12 月上涨 6.5%。涨幅高出 2006 年 3.3 个百分点，也远超政府确定的全年 3% 的涨幅。这客观地反映了 2007 年通胀高企的局面。2015 年以后，中国的 CPI 就始终保持在比较低的水平，如图 5-1 所示。而在生活中，老百姓也能明显感受到主要消费品上涨趋势的减缓。

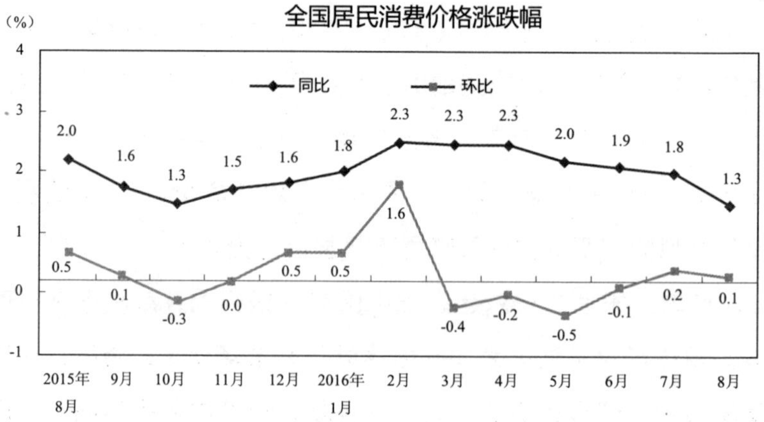

图 5-1　CPI 走势

因此，即使你不相信统计局公布的 CPI 的绝对值，但是统计局公布的 CPI 的“走势”却能比较客观地反映全社会通胀率的变化。不要总是认为我们处在高通胀的威胁之中——有时候我们甚至会面临通缩的威胁。更不要因为出于对高通胀的恐惧，而去盲目投资那些所谓高收益率的理财产品，因为全社会的真实通胀率越低，那么理财产品就越没办法维持高收益率。而在此时出现的那些“高收益率”的诱惑，十有八九存在这样或那样的问题。

对于一国的政府而言，最理想的局面是维持 2% 的温和通胀率。这种局面的基本出发点就是人们对于工资涨幅的要求——很少人会愿意看到自己辛苦工作忙碌了一年，工资还是原地踏步。而低于 2% 的通胀率，经济将有随时陷入通缩的风险。不幸的是，我们从图 5-1 中可以看到，在过去的两年中有很多月份的同比 CPI 增幅都是低于 2% 的。目前，比起警惕高通胀，对于中国政府来说主要是防范通缩。

下面介绍两种比较特殊的理财产品——美元和黄金。这一对产品都是这几年随着一些“风云事件”逐渐走进大众视野的。

5.3　美元和黄金

提到理财产品就不能忽视目前越来越被老百姓青睐的两个品种——美元和黄金。

5.3.1　蒙代尔不可能三角

换美元的口号早在 2010 年左右就有人提出来了，这群人的大本营就驻扎在天涯社区。他们换美元的主要理由是“中国经济崩溃论”——一旦中国经济崩溃，人民币就变得一文不值，所以，要尽早换取大量美元，以防范风险。

当时，笔者就对这种言论嗤之以鼻。理由很简单：中国是一个实行外汇管制的国家。即便你手里握着大把美元，但只要你人在中国，并且你的美元也放在中国的银行或自己的保险柜中，那么你的美元到底值不值钱，就由政府说了算。且不说“中国经济崩溃论”是何等荒谬，即使真的出现经济崩溃、人民币下跌，那时候你想要兑换美元或使用美元，政府为了防止出现挤兑、人民币进一步贬值，也可以随时限制、禁止你的兑换和使用。到那时候，就是“竹篮打水一场空了”。

这种思路，直到现在还是适用的。为此，笔者认为有必要介绍一个国际金融上的理论，那就是“蒙代尔不可能三角”，又称“三元悖论”。其含义如下：在开放经济条件下，本国货币政策的独立性、汇率的稳定性、资本的完全流动性不能同时实现，最多只能同时满足两个目标，而放弃另外一个目标来实现调控的目的。

对于自由市场经济国家而言，其能保证本国货币政策的独立性、资本的完全流动（也就是自由兑换）。那么，实现这一切的代价就是汇率不那么稳定。例如，2016年6月的英国脱欧事件导致英镑在短短半天内下跌10%以上，这在外汇市场几乎是海啸级别的跌幅。

自由市场中有一个特例就是中国香港。港币实行的是联系汇率制度，也就是盯住美元的汇率。因此，在放弃货币政策独立性的同时，港币既实现了资本的自由流动，又保证了汇率的相对稳定。

而对于中国内地而言，本国货币政策的独立性是必须坚持的。那么，汇率的稳定性和资本的自由流动就只能舍其一。对于中国政府来说，毫无疑问需要保证汇率的稳定，领导们谁也不想看到人民币变得像亚洲金融危机中的泰铢那样。为此，就必须实行严格的外汇管制，限制资本的自由流动。

注意，外汇管制并不能使得汇率的波动变为零——除非是完全意义上的100%外汇管制，也就是禁止外币进出境。而只要有外币进出，汇率就会产生波动。

在中国加入WTO以后，中国沿海和内地市场逐渐对外资开放，这就必然带来资本的跨境流动。一直到2013年之前，中国的外汇管制政策一直是偏紧的。即使在这个背景下，仍然有大量境外热钱通过地下黑市、外贸虚报金额等方式进入中国，推高了中国股市和楼市。

由于存在这种偏紧的外汇管制，加上中国经济高速发展长期吸引境外资金单向进入中国，这就导致人民币兑美元汇率缓慢提升，十年间汇率从 1 ∶ 8.2 左右上升到 1 ∶ 6 左右。

这种局面从 2014 年以后开始有了改变。一方面中国经济增长大幅放缓，另一方面各项成本提升、若干领域（如房地产）的风险也在集聚。因此，资金开始逐渐变为双向流动，直到 2015 年开始呈现净流出的局面。而在这段时期，中国的外汇管制政策也略有放松（主要是在贸易环节；在资本环节，总体仍然偏紧）。这两项外因的改变，就带来了人民币较大幅度的贬值，短短一年多汇率就从 1 ∶ 6 左右贬值到了 1 ∶ 6.7 左右。

然而，我们还是要认清一个事实，那就是无论中国政府想要如何融入国际大家庭、实现人民币国际化，它都需要维持人民币汇率的相对稳定，而为了做到这一点，就必须面对蒙代尔不可能三角的规律。因此，在资本环节的外汇管制政策将长期存在，这也会限制人民币兑美元贬值的幅度。

因此，从大原则、大前提来说，作为一般老百姓并不需要把人民币贬值看成发财机会，或是像天涯“换美元党”那样看成危机时救命的手段。将一部分人民币兑成美元，只是一个普通的理财方式，我们并没有必要将大部分流动资金都用于兑换美元。

前面提到的天涯社区“换美元党”，从 2010 年换入美元之后，也许直到现在才刚刚解套。

5.3.2　换美元的收益

换美元作为一个普通的理财方式，其收益率如何呢？或许并不像你想象得那么美好。

以 2016 年 9 月 1 日的人民币 NDF 1 年远期合约为例（仅作为讨论的例子，并不代表目前的走势和笔者的预测），市场预期人民币兑美元汇率未来一年将从 1 ∶ 6.67 贬值到 1 ∶ 6.85，也就是假设美元兑人民币升值 2.7%。如果你换了美元就将其锁进保险柜（因为不信任中国的银行），那么一年内实际获取的利润也就是3%左右，尚不及一般的银行理财。如果把美元再度用于理财，那么现在通常的美元理财一年平均收益是1.6%，手续费0.4%，加上升值的利润，总的预期收益是2.7%+1.6%-0.4%=3.9%（浮动）。而从2016年9月1日到2017年6月的实际走势来看，虽然人民币兑美元一度贬值到接近7，但之后国家采取严控资金出境的政策，最后汇率又回到6.8～6.9。

目前一般的银行理财及若干比较靠谱的P2P产品，收益率基本能到4%～6%，收益还是相对固定的，而且没有每人每年5万美元的限制。这就会导致，有些人托亲戚求朋友借额度去买美元理财，欠很多人情，最后收益还不如买人民币理财；而且还失去了人民币银行理财的刚性兑付，只能随着外汇市场随波逐流。

当然，你可能要说：那如果未来一年人民币大幅贬值呢？这样一来兑换大笔美元不就发财了？

注意，一旦你基于对汇率走势的预测去进行投资，那么这就和外汇投机没有区别了。你就成了一个外汇市场的投机者。

外汇市场风云变幻，每天都有发财和破产的机会，因为外汇市场可以使用上百倍杠杆。在这里谁不想发财？而且与其预测人民币兑美元大幅贬值，还不如预测英镑兑美元大幅贬值。事实上英镑在2016年6月和10月都发生了大幅贬值，这方面的外汇炒家可是赚得盆满钵满。但是，那些做反方向的（比如，赌英镑兑美元大幅反弹），也都输得倾家荡产了。

那么，人民币兑美元大幅贬值是否会发生呢？

- 首先，由于上一节中提到的外汇管制，人民币汇率还是会保持相对稳定的。类似英镑那样半年内两次崩盘，或者是俄罗斯卢布在2014年崩溃的情况几乎不可能发生。即使人民币在短时间内快速贬值，国家也会及时采取措施，比如2017年初人民币止跌回升就是因为外管局对人民币资金出境进行了更严格的管制。
- 其次，外汇的流入流出都是基于资本的逐利性。而在过去一年多内外汇流出中国有很大一部分原因来自于美联储在2015年12月的加息，以及 2016 一整年的加息预期。可以看到，美国经济的复苏也并不如人意（例如，美国非农就业报告曾在 2016 年 8 月创下惨淡无比的数据，大幅不及预期）。欧洲、日本等地区经济情况更是不容乐观。因此，即便中国经济也正处在低谷，与世界其他国家相比，胜负和实力差距并不是那么悬殊。

所以，我们找不到人民币兑美元会大幅贬值的理由，除非两件事同时发生——中国经济崩盘，并且国家放松外汇管制。而在笔者看来，这样的情形发生的概率微乎其微。

TIPS

对于一般老百姓，理性的做法就是在国家允许的限度内适当换美元，作为理财配置的一部分（而且为了提高收益，笔者建议将美元另行理财，而不是放在自家保险柜）。

5.3.3　货币天然是金银

金银天然不是货币，但货币天然是金银。

黄金和白银曾作为“一般等价物”——也就是货币——长期活跃在人类社会的大舞台。一直到 19 世纪、20 世纪上半叶，世界上大多数国家都仍然将黄金作为流通的货币，纸币只能扮演次要的角色。

在中国历史上，元朝是历朝历代唯一发行纸币作为主要流通货币的政权。所以，那时候没见过世面的马可·波罗就赞叹中国人是多么先进，都可以不用金银交易了。结果，在金融知识为零的元朝政权，很轻易就走入了恶性通货膨胀的大坑，导致经济崩溃。最终元朝和金朝一样，都被恶性通货膨胀摧毁了政权。所以，后继朝代又开始用金银交易。

“二战”之后，世界主要资本主义国家建立了布雷顿森林体系。这是一种以美元和黄金为基础的金汇兑本位制——也就是美元与黄金挂钩，一盎司黄金固定为 35 美元；其他国家货币以美元挂钩，实行可调整的固定汇率。这一体系一直实行到 1971 年——由于美元危机持续爆发，美联储的有限黄金储备无法用于面对美元挤兑，从而导致布雷顿森林体系瓦解。

从此以后，黄金价格就一飞冲天，并逐渐形成了和美元的“冤家关系”——美元强则黄金弱；美元弱则黄金强。

例如，20 世纪 80 年代到 90 年代，里根和克林顿都是相当有作为的美国总统。在这期间美国不但在冷战中拖垮了苏联，而且其自身的经济在 90 年代也表现得非常抢眼。而黄金在同期则显得非常黯淡，逐年下跌，一直到 21 世纪初跌到了谷底。

自从“9・11”事件之后，美国为了打击恐怖主义，在全球范围内扩张军备、输出美元。美联储不断印出美元、扩大资产负债表（尤其是 2008 年金融危机后实施的两轮量化宽松政策）；美国经济则不再维持之前的高增长率。货币一旦泛滥，其分量自然会相应减弱。就是在这样的背景下，黄金一路高歌猛进，连续拉出了 11 年的阳线。

如图 5-2 所示为黄金走势图。

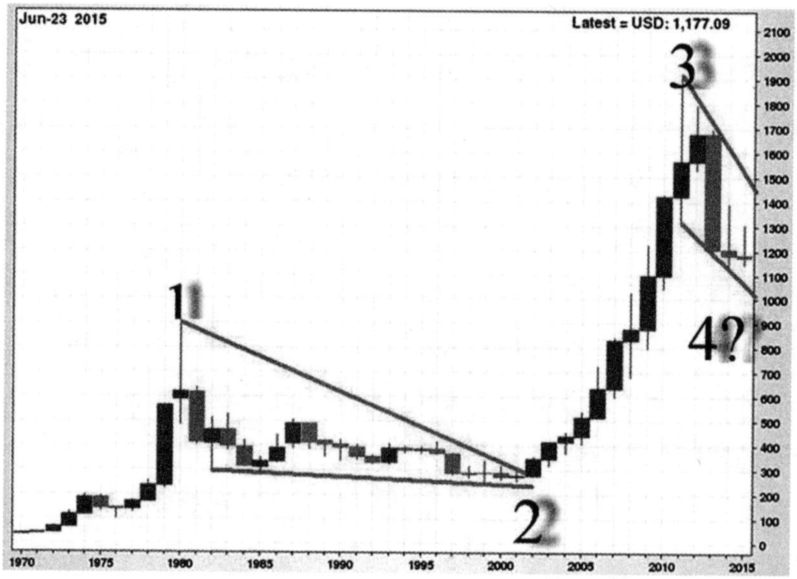

图 5-2　黄金走势图

为什么黄金会在 2013 年出现大幅下跌，并在之后几年“跌跌不休”呢？

首先，任何一个投资品种都不可能永远上涨。黄金连续 11 年的上涨导致其价格中已经包含了泡沫。而在 2011 年创下 1920 美元 / 盎司的最高点之后，黄金价格已经开始了下跌之路。

其次，如上文所述：美元强则黄金弱。黄金创下天价 1920 美元 / 盎司是得益于金融危机之后美联储的两轮量化宽松政策（简称 QE）。但是所谓成也 QE，败也 QE。黄金自 2011 年开始从 1920 美元 / 盎司开始下跌，正是因为此后美联储的货币宽松并未如市场所预期（之后的大幅反弹也来自于美联储第三轮 QE）；而 2013 年的断崖式暴跌，其根源则是市场预期美联储有意退出 QE 政策。

还有一个不容忽视的因素，那就是汇集世界顶尖投行和交易员的华尔街。有消息表明，在 2013 年 4 月那场惊天暴跌中，正是华尔街投行抛出天量空单，才导致黄金一举击穿此前碰触多次都受到支撑的“铁底”——1520 美元 / 盎司，之后发生踩踏效应，一直跌到 1300 多美元 / 盎司才暂时止跌。华尔街为何要做空黄金？对此市场上有多种解释。而笔者倾向于认为其中一个重要原因是“借势”。美联储退出 QE 的市场预期，本身使得黄金的长期上升趋势发生了逆转，也就是黄金的下跌只是早晚的问题。而华尔街只是借势而为、顺水推舟，通过做空获得了巨额回报。

也正是在 2013 年 4 月，“中国大妈”开始登场。媒体纷纷报道在这场世纪大跌中，中国大妈纷纷出手，挤爆了黄金首饰店，成为坚定的“托底力量”。黄金之后果然发生了短暂的反弹（虽然到 6 月份很快再次大幅下跌）。

在笔者看来，所谓“中国大妈”救市基本是无稽之谈。因为在如今，黄金的价格已经不再是由供需所决定的，也不再是由成本所决定的（事实上过去几年黄金价格早已接近或跌穿成本价，导致很多黄金开采公司破产），而主要是由市场投机所决定的——这其中的一股重要力量就是华尔街。黄金和白银价格的上涨下跌，其实更应该看做一种金融现象。“中国大妈”购买的那些黄金首饰的分量，在操纵天量资本、高倍杠杆的华尔街面前，几乎微不足道。而“中国大妈”的真身，其实就是中国政府——在过去几年，央行已经不声不响地把黄金储备增加到了1000吨以上。

5.3.4 还要不要买黄金

2016年，黄金一举扭转了四五年之前的颓势。在年初见大底1064美元/盎司之后，国际金价在短短6个月的时间内上涨到1350美元/盎司，大涨286美元/盎司，涨幅26%，是1985年以来的最佳半年表现。之后虽然进入了长期调整，但2016年总体上涨已经成为定局。

为何美联储刚刚在2015年12月宣布加息，黄金就见底回升？要知道，加息就意味着货币政策的收紧，与量化宽松是完全相反的政策。笔者认为，这正是一种典型的金融现象——也就是利空出尽即利多。在2015年12月之前的好几年，市场一直蔓延着退出QE的预期；退出之后，又蔓延着美联储加息预期。在这种市场氛围下，黄金只能“跌跌不休”，直到加息事件落实，就马上迎来了大底。

那么见底之后为什么会出现大幅上涨呢？对此，我们需要拨云见雾，看到所有表象后面的真相。

- 美联储这一轮加息，是史上最诡异的加息周期。2015年12月加息之后，美联储就迟迟没有下一步动作，显得举棋不定。一方面受到美国大选的制约，另一方面美国经济表现也起伏不定，通胀没有抬头，就业没有彻底好转。因此，市场对是否能进一步加息产生了怀疑，而黄金则顺势翻身。
- 让我们再把目光放得更广阔一些。在全世界范围，中国经济正在渐渐进入慢车道；欧洲和日本积重难返；美国复苏的势头也不容乐观。对此，德意志银行分析师Jim Reid认为，全球经济正在告别过去35年的超级周期。经济放缓，世界的局势也变得不稳定，导致出现英国脱欧、恐怖主义肆虐欧美等事件。而黄金的最大特点就是——乱世称王。

- 从历史的眼光来看，自从布雷顿森林体系崩溃之后，全球货币体系就失去了锚，导致全球资金量大规模扩张，进入了长达 40 多年的总体宽松周期。世界主要经济体的利率已经下降到了历史低位。然而，货币宽松（欧洲、日本央行甚至对商业银行实施负利率）对于经济增长起到的作用却越来越弱。因此，世界各国在将来几年内何去何从，也是一个很大的问号。

从黄金的月线图来看，2016 年的 1064 美元 / 盎司有可能就是黄金之前数年下跌的中期乃至长期底部。而将来几年的世界或许会不太平——不仅欧洲、日本深陷经济泥潭，面临穆斯林移民的威胁，而且美国在特朗普当选总统之后，也可能会重回孤立主义，政策全面右倾。世界越不太平，黄金就越吃香。

所以，从避险的角度考虑，我们可以在理财和资产配置中增加适当的黄金（5% ~ 10%）。既可以买入实物黄金，也可以是纸黄金（但笔者不建议用投机的心态去炒作纸黄金或黄金现货、黄金期货）。

就买入价位而言，由于读者读到本书的时间不同，在此无法做出统一的预测，只能遵循大致的原则——逢低买入；而在 1450 美元 / 盎司之上，风险就相应增加许多，此时不宜过度追高。

买入黄金还有另外一个好处，由于黄金是用美元计价的，因此，用人民币买黄金就相当于换了美元，可以享受到人民币兑美元的贬值收益，而且还没有额度的限制。笔者建议大家平时留心一下黄金价格走势，一旦出现相对低位，就可以果断出手。

第6章

消费的学问

前面一直在说如何增加自己的主动收入和被动收入。对于理财来说，仅规划收入可是不够的，对于支出也就是消费的规划同样重要。

6.1 消费阶层论

也许每一个人都会在生活中遇到这样的问题：我到底该多花钱，还是该少花钱？如果你参考那些勤俭节约的人，那么，得出的结论就是应该少花钱；但是你的目光又免不了被那些出手阔绰、外表风光的人所吸引，忍不住想多花钱，这样在他们面前也能很有面子。

为了剖析这个问题，下面介绍一下“三十岁危机”。

6.1.1 大中型城市的“三十岁危机”

生活在中国的一线和二线城市，以下情形是比较普遍的。

- 有一份体面的工作，还算过得去的收入，甚至是在别人眼里值得羡慕的收入。
- 每个月都要面对房贷、车贷及其他高昂的生活费用。
- 不敢生孩子或是不敢生二胎，因为生了孩子以后要支付保姆钱、奶粉钱、学前教育、幼儿园等种种费用。
- 陷入无底的生活压力，几乎没有反抗之力，每天拼命工作只是为了维持生计。

这样的人群往往处在三十而立的年纪（28 ~ 35 岁），是上有老下有小的夹心层。他们最大的问题就是各种焦虑——来自工作和事业的焦虑，来自攀比的焦虑，来自子女教育的焦虑等。

导致这种现象的原因如下。

一方面，过去数年中国处于经济高速发展之中，带来了无数暴富的机会，也造成了对于劳动力的事实剥削——高收入的背后是令人无法喘息的工作。根据笔者的调查，在绝大多数制造行业和大多数服务行业当中，“双休日”只是一个传说，员工往往只能享受一周单休；而白领（尤其是高端白领）也好不到哪里去，虽然名义上有着双休和年假，但休息时间往往被无休止的加班和应酬所占据，很多人处于传说中的“996”节奏（平时朝九晚九，周末加班一天）。

高强度的工作虽然能带来较高的收入，但这些收入并没有实质转化为享受，而是都被三座大山（房价、教育、医疗）所吞噬。

另一方面，社会阶层逐渐割裂，一部分先富起来的人越来越富。我们经常发现，在周围总有那么几个人过得非常风光，住豪宅、开豪车、戴名表，而媒体中报道的、电视剧中演绎的也都是富豪子弟如何光鲜、阔绰。这就带来了普遍的攀比心理。攀比带来的后果，要么就是无视自己的收入水平，盲目追求奢侈名牌，导致始终月光攒不起钱；要么就是望洋兴叹，徒增痛苦。

6.1.2 如何缓解“三十岁危机”

对于一个深陷“三十岁危机”的人来说，最大的感受就是：为什么明明努力工作了，收入也不菲了，还是觉得生活很艰难，喘不过气来？

表面来看是他的收入达不到期望值，钱太少；但从深层次来说，其实是他的财务管理出了问题：他的支出和收入不匹配！

什么是“匹配”？支出大于收入肯定不是匹配，那么支出等于收入，月月光呢？这样你就必须每个月努力工作，一刻不敢松懈，因为你没有任何容错的余地。

在笔者看来，只有当你每月至少可以拿出收入的三分之一作为储蓄和积累（并进一步作为投资理财的本钱）的时候，才能做到最基本的匹配。

为此，就需要进行最基本的财务规划——也就是对你未来十年的收入曲线进行预估，然后决定你的支出规模。如果你目前一个月赚 1 万元，将来只能以每年 5% 的速度增长，而且你要养家，那么你的房贷就不能超过 4000 元，你的养车费用不能超过 1000 元，否则你的支出模型就很可能崩溃。

6.1.3 消费阶层的概念

说到这里，笔者还要引入一个“阶层”的概念。这和马克思所说的“阶级”是不一样的，阶层不带有任何政治学意义，也没有任何褒义和贬义。因为人类社会的基本特征，就是按照财产、收入的多寡，以及社会地位的高低，分成若干个阶层。在中国，较高社会地位的人一般拥有较多财富（少数学者除外）。如果简单以财富作为分野的话：

- 最富有的阶层住着别墅，名下还有很多套其他房产，有的甚至有私人飞机。开豪华跑车，日常吃穿用度都是国际顶级名牌，而这些都是他们的日常支出。
- 其次富有的阶层住在市中心，有若干套房产，开两三百万元的名牌车，日常吃穿用度都是高档国外品牌。
- 稍微有钱的阶层住在市中心偏外的大面积公寓（或市中心的较小公寓），可能还有一两套其他房产，开上百万元的车，日常吃穿用度是中高档品牌（也会接受一些国产品牌）。

上面这三档，无论是别墅豪宅、豪车，还是顶级品牌，其实更多的都是对其面子的提升。至于用户体验，其实各档次之间差别并不是很大，但这些就是阶层的“商标”。

为什么中国很多一夜暴富的土豪，在国外旅游时总是热衷于大量采购顶级名牌鞋帽衣包呢？其实就是为了迅速实现阶层的跃迁，以证明他们在暴富之后已经上升了一个或几个阶层。

同理，平民阶层也是如此。月收入四五万元的平民，日常生活开支在三四万元左右，为了维持他们所在阶层的日常开支（名牌西装；高档餐厅；高档美发美容；高档化妆品；会所消费；养七八十万元的车；供四五百万元的房），他们必须拼命工作。别人听到他们年收入有五六十万，也会很艳羡，但实际上，他们的钱只是维持着他们所在阶层的最低要求。年收入几十万元的人就没有“三十岁危机”吗？未必，只要他们的支出超过了收入所对应的阶层，同样也会陷入危机。

因此，对于大多数普通工薪阶层而言，你必须确定你所在的阶层所需要的支出，然后看看你的收入能否满足。如果能满足，那就努力维持这样的日常支出；如果不能满足，那么或者去努力增加你的收入，或者努力去适应一个较低的但更实际的阶层。

月收入一两万元的平民，以及月收入四五千元的平民，也有着他们各自阶层所对应的日常生活。例如，在淘宝上买衣服；在小龙虾餐馆里开开荤；在 15 元一次的路边理发店消费；不是名牌但过得去的化妆品；平时跑跑步、打打球，而不是去高档高尔夫会所；开十几万元的车等。

如果你赚着完全能满足所在阶层的钱，却向往着上一个甚至上两个阶层的生活方式，那自然会带来痛苦。

那么，什么才会带来生活的祥和满足？

- 准确定位你所在的阶层。
- 努力赚到你所在的阶层能享受舒适生活的必需收入。

还需要注意的是，工作岗位并不必然决定你的阶层。你的阶层完全是你自己兴趣爱好、自身家庭环境所决定的。比如，有人就是喜欢吃小龙虾，就是不喜欢去那些高档西餐厅。那么，为什么非要去挤进那个高一档次阶层呢？

上述关于阶层的表述，只是客观描述了社会的状态。它和生活幸福与否并不一定存在直接关系。年收入几百万元的阶层，为了维持他们每个月几十万元的支出而生活痛苦的人比比皆是。而我们称之为“屌丝”的阶层，也有着无数生活上的“小幸福”，比如朋友之间的喝酒玩闹（而不是为了应酬撑着去喝白酒），情侣之间的甜蜜（而不是在老婆小三之间疲于周旋），运动之后的舒畅（而不是为了社交去打高尔夫），游戏或者某项兴趣上获得成就的快感（而不是为了维持生意资金链焦头烂额）。

如果无法进行良好的财务规划和管理，以使得自己的支出与收入匹配，并适应自己所在的阶层的话，那么即便你突然发了一笔横财（比如中了彩票），也很有可能不会因此得到幸福，而是继续陷入原来的危机之中。假设你中彩票得到 1000 万元（扣除税收后为 800 万元），然后开始大手大脚花钱，月支出在 20 万元以上。这样，不出三四年你中的大奖就会全部耗尽。届时你会发现，想回到以前每个月三四千元的生活，已经基本不可能了。正所谓由俭入奢易，由奢入俭难。

6.1.4　金领的生活状态

笔者在上文中说到，不同阶层有不同的生活状态，与生活幸福未必直接挂钩。为了进一步说明这一点，我们举个例子，来看看年薪百万元的金领，生活是怎样的。

1. 年薪百万元和财务自由完全是两码事

之前曾提到，财务自由，就是一个如何控制支出的游戏。因为人的欲望是随着收入增长而膨胀的，而这个世界也正好给各种级别的欲望提供了不同层次的消费。所以，如果你无法控制欲望（尤其是攀比欲），那么无论你是年薪百万元还是千万元，你都会发现收入有时候还抵不上支出。主动收入尚且无法实现自由，更谈不上实现财务自由所追求的“被动收入抵偿支出了”。

2. 金领的生活状态实质是给社会做着巨大贡献

笔者身边有一些年薪百万元的金领人群，他们的吃穿用度的确就是“百万元级别”——比如拥有市中心的豪宅，开顶级豪车，家庭用品很多都是进口的，生个孩子就要花几万元，出去度假都是住豪华酒店，买十几万元的表，西装找香港的裁缝等。

而在笔者看来，广大人民真的要好好感谢北上广深这些拿着年薪百万元的金领们，他们对社会做出的巨大贡献是大家无法想象的。

首先，高年薪的通常是在外企或是国企，这些单位通常都严格缴税，年薪税前百万元，税后就只有七八十万元。将近二十万元的钱进了国库，被国家用于再分配——比如给低保户发救济金、建设落后地区、教育事业经费等。

其次，他们买的高价房，其中很大一部分是国家土地收入、税费收入。这些收入大部分还是进了国库，被国家用于再分配。

再次，他们买的豪车，价格比国外同类型的至少贵一倍。这部分差价去哪里了？交了关税，中间商利润（要交25%企业所得税）。所以，豪车的花费有相当一部分也进了国库，被国家用于再分配。

最后，他们在境内买的豪华表比境外同样款式的表价格至少要贵一倍，这多出的差价主要就是税收和渠道费用。所以，这些消费也有相当一部分进了国库，被国家用于再分配。

所以，在中国，除非你是一个偷税漏税、压榨员工的企业主，否则作为一个金领来说，其对社会的贡献绝对要大大超过一个普通的工薪阶层。

3. 百万元年薪可能意味着收入和回报不成比例

上述所说的贡献，从另一个角度解读，就是付出和回报不成比例。为了赚取并维持这百万元年薪，这些人需要消耗大量的脑力、体力和精力，导致很多人未老先衰。很多人忙于工作和应酬无法兼顾家庭，孩子平时很长时间见不到父母，而父母也无法享受天伦之乐。更有很多人由于高强度的工作及应酬，早早就积累了一身的疾病，所谓年轻时用命换钱，年老时用钱换命。而所有这些代价，其实得到了多少呢？只是比正常的工薪阶层的生活体验多了一些有限的提升而已（有些人因为工作太忙碌，甚至都无暇去体验生活）。

相对而言，如果是一般的工薪阶层，他们通常可以享受正常的工作时间，也基本上没有应酬。即便有加班导致工作时间较长，其单位时间内的工作强度也要远远低于一般的工薪阶层。从身心的疲劳程度来讲，或者从家庭和睦、生活幸福的角度来讲，一个支出、收入规划合理的工薪阶层（尽管这意味着日常消费要比年薪百万元阶层低几个档次），其日子可能并不比年薪百万元的阶层差。笔者身边就有很多这样的例子。

在笔者看来，在中国，如果你要强行提升自己的阶层，所带来的“用户体验”的回报将远低于你所付出的代价。付出这么多的代价，很多时候的确仅仅是为了面子上的提升。

6.1.5　高端中产阶级的焦虑

如果说年收入百万元以上是金领的话，那么夫妻两人每人每年赚个二三十万元，合计五十万元左右的年收入，算是比较高端的白领或者中产阶级了。

但是，前一阵子在网上流行过一个帖子《中产阶层家庭的纠结和焦虑：年收入 70 万元不够用》，通过晒出自家账单的方式，明明白白地显示了一个高端中产阶级的纠结和焦虑。

在此文中，作者一家住着上海内环一百多平方米的房子，开着 20 多万元的家用车。房子贷款早在几年前就还清了，但仍然认为“自己最直观也最现实的烦恼就是——没钱”。为什么呢？各项开支，包括养车费、公用事业费、孩子教育费、餐饮、置装、奢侈品、兴趣爱好、人情往来、旅游、保险等所有费用，几乎把他们税前 70 万元的收入花光了。而作者却在担忧，未来十年还有子女教育（出国留学或国际学校）、子女结婚、医疗、养老、个人培训等大项开支，存下的钱根本不够用。

面对“炫富”“矫情”的指责，作者却委屈地说自己希望追求生活质量，而且也别无选择——是的，她这样的人的一生就是这样，每天都在用着“中产阶层”所应该秉持的努力，使自己的生活能维持在“中产阶层”——他们似乎别无选择。

尽管有确凿证据称，这篇文章是网站编辑的虚构之作，但笔者身边也确实不乏类似的人群——只不过，他们当中有一些是为房贷所累，有一些是因为收入还不是太高。类似这篇帖子的作者的情形，也确实可以说是作死的典范了。

这个中产阶级家庭的症结到底在哪里？笔者认为有以下几点。

1．缺乏“断舍离”的规划

规划的本质就是“断舍离”。懂得什么该“舍”，才能更好地去“得”。例如，中产白领女性给孩子报了乐器学习、奥数、外教、游泳、跳舞课程，仅是这些费用一年就要十万元。又如区区一项饮食，一家人一年的开销也要十万元。凡是别人要的，他们都要；别人不要的，他们也要。

所以，尽管这位白领看似做了详尽的记账工作，但这显然是没有灵魂的记账——她无法去主观能动地判断，哪项开支是可以舍的，哪项开支才是必须保留的。

要做到这种“断舍离”的规划，首先自己要持有一种开放务实的心态，而不是患得患失或者贪得无厌的心态。具体来说：

- 孩子压根就不需要上这么多课外辅导班，会给孩子带来巨大的压力，同时很多技能也未必是孩子自己喜欢的，反而挤占了孩子去发挥自己的天分、喜好的时间。因此，她需要认真探究孩子到底需要接受怎样的教育。比如，多带孩子去公园走走，放风筝、参加团队活动，这些都不需要花太多钱，但效果可能远远好于孩子被逼着去上自己不愿意上的课。
- 日用的饮食，除了柴米油盐、蔬菜、鱼肉、牛奶之外，名牌的咖啡、水果、巧克力、坚果、奶酪也样样不缺，还经常外出聚餐。且不说这么多饮食会带来多少卡路里，问题在于真的需要如此补充营养吗？笔者认为，营养的补充也需要适度，而且完全不必要挑选昂贵的品牌。比如在久光超市，一盒从日本空运来的草莓就要 90 元。在接受品牌溢价的同时，其新鲜可口程度、营养程度，和一般的草莓其实并没有本质的区别。

2．对自己所处阶层的错误判断

文中显示，这位白领女性的焦虑主要不是来自几乎月光的事实，而是来自未来的开支，即上面说的子女教育、结婚、养老等。根据这位作者的计算，需要为未来准备 550 万 ~ 600 万元的费用，而他们的开支现状显然是很难做到的。

这其实就来到了笔者在前文中所说的阶层判断的问题。

按照这个家庭的收入情况（两人税后共到手 50 万元，平均每人 25 万元），其实这个家庭在北京、上海这样的城市并不算非常富裕的家庭。然而，这篇文章的作者却自视甚高，样样标准都要朝着金领家庭乃至富人家庭去靠拢——比如子女以后必然要出国，或是上国际学校；以后换 50 万元的车；女儿嫁妆要准备 100 万元；还要准备 100 万元的医疗应急费用等。

笔者想对这个白领女性说：醒醒，其实你所要的生活水平，已经超过了你所处的阶层。

不可否认，每个人都向往着无比幸福、手头无比宽裕、想买啥就能买啥的生活。然而，每个人又必须接受自己的收入水平、收入能力的现实。因此，只有认清自己的阶层，并为此做出相应的规划，才能给你带来真正的祥和与满足。

综上所述，其实要摆脱你的困扰、焦虑、纠结和担忧，要做的事情很简单，那就是保持清醒——

清醒地认识到你需要什么；

清醒地认识到你的收入能力和你爱人的收入能力；

清醒地认识到你应该处于什么阶层。

可能有人要问：难道你就不想改变你的阶层吗？对此笔者的回答是：先改变你的收入！等你能够做到改变自己的收入之后，再来重新定位你的阶层。这就是“21 世纪消费阶层论”。

6.2 消费习惯面面观

在认清自己的实际状况并相应规划消费支出之后，我们要面对的就是生活中一个个具体问题了。这方面人人都有自己的心得，下面笔者就与读者分享一下自己的一些心得和发现。

6.2.1 极端节约乃是舍本逐末

任何一本理财书，都会浓墨重彩地强调节约是一种美德，某某是如何通过节约得到自己的第一桶金的等。

然而，在笔者看来，一个人最重要的是如何“量入为出”，也就是根据自己的收入去规划支出，让消费支出适应自己所处的阶层。超过自己阶层的消费支出固然不可取，但过于节约也同样是毫无必要的。

生活中，经常可以看到下列“勤俭节约”的行为：

- 在自家吃饭的时候擦嘴、擤鼻涕，只用一张薄薄的餐巾纸擦而不是几张一起擦，有时候甚至擦不干净——为了尽量节省餐巾纸。
- 明明打的只要二十几块钱，半小时就能到，却又走路又换乘公交，花了两个多小时——为了省下打的费。
- 冲水马桶不是每次用完都冲水，而是下次用完一起冲——为了节省水资源。
- 穿的鞋明明不合脚，把脚趾都走肿了，但却不肯换，坚持穿——为了省买鞋的钱。
- 隔夜的饭菜不倒掉继续吃——为了省下第二天买饭菜的费用。
- 过期的食品不舍得扔掉，仍然给自己甚至家人吃——为了节省买替代食品的费用。

事实上，只要不是特别贫困，还算比较宽裕的话（然而笔者看到的上述行为很多都是家境宽裕的人所做出的），还是尽量不要如此勤俭节约。为什么呢？

因为你赚钱、存钱、理财的最主要原因，就是为了给自己和家人带来便利，带来幸福。然而，你为了省钱，却无视这种便利和幸福：节省了餐巾纸，嘴擦不干净；节省了打的费，浪费了时间还搞得自己和家人风尘仆仆；节省了抽水，却让家里人忍受马桶里暂时不冲掉的污秽和味道；节省了买鞋的钱，却让自己承受痛苦；节省了买饭菜、食品的费用，吃隔夜饭、过期食品却可能会吃出毛病。

笔者的观点是，日常家用的费用，都要以“给自己和家人带来正常的舒适”为标准。牺牲舒适而去一味追求省钱，这样做的结果不仅是省不下多少钱，还让省钱行为失去它本来的意义。

前几年天涯社区上还曾有过一个帖子《一线城市夫妻 2 人，2014 年全年只花 2 万元》。这个帖子的作者宣称自己实行“紧缩的财政政策和货币政策”，夫妻俩都不上班，全年不买衣服也基本不旅游，不开车，没有小孩（夫妻俩均四十岁出头）。平时不吃水果、牛奶、零食，只喝茶；除了一个月一次 120 元自助餐，也从来不下馆子。

这个帖子的作者，可谓与上文中提到的年收入 70 万元帖子中的主角站在完全的对立面。但是根据笔者对这位作者的调查，其实他并不穷——早年在上海通过拆迁和房产置换，不但目前有房无贷，还有一笔200万元左右的存款。所以，这个帖子的作者，可谓是早早就实现了财务自由——他通过自己理财的收入，已经足够承担日常的支出了。

虽然他们实现了传说中的“财务自由”，但这种财务自由真的是你们想要的样子吗？真的就是你们魂牵梦萦的目标吗？

你很可能会说：这样的财务自由，我才不要。

因为这样的生活已经完全没有品质可言。明明生活在国际大都市上海，却丝毫没有享受到这个城市的纸醉金迷。虽然这种生活的好处是不用工作，但据笔者了解，他们平时的休闲也就是上上网炒炒股，人生已经处于半虚度的状态。而即便自己的房产（三套房，一套自住两套出租）和200万元存款能带来可观的理财收益，这些收益却丝毫没有用于提高自己的生活水平。更何况他们都没有子女可以继承自己的财产。钱再多，又有什么意义呢?

过度、极端的节约，很多时候其心理状态是用现在的忍耐换取将来的幸福，甚至是牺牲现在换取将来，这种心态也是非常不可取的。

TIPS

我们应当牢记，即便适当的理财和节约是有必要的，但当下的生活，才是最重要的。

从哲学上讲，人类所能体验的，有且只有当下。过去的东西已经往事如风；而未来，在没发生之前谁也不知道，一旦发生，就是当下。

6.2.2 奢侈品的性价比

经常有人会问："我月薪五千元，想买一个两万多元的LV包，值得吗？"

提出这样问题的人，其身边的同事可能是香奈儿、普拉达轮流换，所以，想咬咬牙买个LV的包；但父母和朋友也会说："没钱你买什么奢侈品，每天挤地铁上班即使背个LV的包也像假的。"

但也有另一种观点认为，奢侈品牌一般会相对耐用。例如，一个大品牌的包用了五六年还很新，不夸张地说至少能用10～20年，平均下来一年也就几百块钱。而如果用了杂牌，每年换一个，指不定最后开销还比买奢侈品牌更多呢。

还有人认为，奢侈品能大幅提升你的幸福感，所以，还是值得的。而且，买了奢侈品才有动力去努力挣钱、攒钱、理财啊！赚钱理财不就是为了买到自己想要的东西和想要的生活吗?

这些观点，不能说全无道理。中国人在奢侈品上的消费，常年在世界上的排名数一数二。无数的消费者，都以各种各样的理由，把 LV、爱马仕、香奈儿、普拉达捧回家。

本书倡导“理性消费”，那就从理性的角度来分析一下：奢侈品到底该不该买？

1．你的穿戴打扮和相应的支出，需要符合且只能符合你所处的阶层

上文中笔者已经详细阐述了与阶层相符的消费观。而在奢侈品消费上，阶层消费观尤为适用。

试问：你咬咬牙花了几个月的工资，买了一个 LV 包或爱马仕包。代价就是这几个月风餐露宿，全身上下的衣着都是去年的爆款，买不起化妆品和护肤品，导致灰头土脸。那么，你背着 LV 包或者爱马仕包，别人就会对你另眼看待，认为你已经提升了所处的阶层吗？

不是的。要想真正地提升阶层，你必须从头武装到脚。衣服要名牌，鞋子要名牌，首饰要钻石、白金，化妆品、护肤品也都不能掉了档次。否则，以一身穷打扮去配合某个名牌包，就会显得极为突兀、不协调，也无法提升别人对你的看法。而你购买奢侈品牌的主要目的之一，不就是能够在别人面前风光一把吗？

结果，同事在炫耀着自己普拉达包的同时，还在炫耀自己手上的一克拉钻戒；而你呢，只能看着消费过 LV 包以后空空如也的钱包。

所以，你的收入决定你的阶层，而你的消费必须符合你的阶层。否则，要么无法达到你炫耀的目的，要么就会让你过得苦不堪言。

2．奢侈品的价格来自于品牌溢价

诚然，奢侈品的质量比杂牌好一些，但是这种质量上的差距，绝没有达到价格上那种天文数字的区别。

奢侈品的价格之所以高高在上，其根源在于市场上的信息不对称。在购买杂牌时候，你无从得知这个牌子的质量到底是好还是坏，其款式到底是否

符合大众口味。而奢侈品由于其长期的声誉和历史传统的积淀，形成了品牌，这品牌本身就是质量、流行、新潮的保证。

品牌导致的商誉溢价才是奢侈品价格的最大组成（其他还包括各种进口税费、渠道费等）。因此，我们也完全没有必要自我安慰，从“耐用”角度去衡量一款奢侈品的价值。

而且最关键之处在于：即便奢侈品确实耐用，但社会大众和时代的口味却一直在变，一款去年流行的衣服或包，可能今年就不流行了。更何况相差几年、十几年呢？而且买了一款包之后，又看到其他心仪的包、流行的包，你心不心动？想不想换？

如果买了一款心仪的奢侈品包，然后一用就是二十年，这不符合人性。

3．买自己喜欢的东西就能提升幸福感吗

可能有人会说，我就是喜欢奢侈品怎么了？买回去我就高兴。

是的——如果你的收入足够满足你购买奢侈品的开支，笔者并不反对你买。然而，如果是强行超越自己的消费能力去买，那么你的幸福感真的会提升吗？

不要忘了，超越自身能力买的后果是剥夺你在生活其他领域的消费能力。为了得到拥有奢侈品的幸福感，很可能你需要在其他领域承受痛苦的代价。

而且，奢侈品是一个无底洞——其幸福感主要来自于和他人的比较、攀比。而在攀比方面，你很难追不上比你高一两个阶层人群的脚步。在追赶过程中，你只会从一开始的兴奋和幸福，变得开始悲哀乃至痛苦。

幸福的根源在于你得到的东西能满足甚至超过你的预期。而如果你的欲壑难平，那就永远也得不到幸福。

6.2.3　物尽其用主义

大多数人可能都有这样的体验：面对一样东西，却不知道该买不该买；面对满屋子的东西，却不知道该扔不该扔。

很多时候，明明不是自己很需要的东西，却一时兴起搬回了家；明明是已经不需要的东西，却还是往衣柜里、床底下、橱顶上塞。这样做的结果就是家里东西越堆越多，想找什么东西时都得翻箱倒柜，有时候简直是大海捞针，根本就找不到。

这种情况以老年人更为常见。如果读者是年轻人，可能也会经常有冲动想去劝导自己的父母长辈。

要解决这种状况，就需要明白：作为家庭理财，懂得如何“取”的同时，也要懂得如何“舍”。

在上一节中已经提到关于消费选择的断舍离。而对于日用物品的断舍离也是非常有必要的。其本质目的在于——让你使用的东西价值最大化。

事实上，每件物品的效用都不是一成不变的。根据笔者观察，当你购买心仪物品的时候，下完订单（或是店里付账），物品在快递路上、被你捧回家的那段时间，效用是最大的。而一旦在家里落位，其效用可能已经贬损了一些。当使用一段时间以后被你闲置开始吃灰的时候，其效用已经只有最初的三成乃至更低了。

对于自己一时冲动买下的实际并不是很想要的东西更是如此。可能当你买回家以后，效用连其价格的一半都不到。

因此，对于一个理性人而言，就需要在心里建立一个对家庭用品的“估值体系”。那些“账面价值”（也就是对你而言的价值）已经贬到接近零，市场价值也接近零的东西，就应该果断丢弃。东西占用的空间也具有价值，尤其是在一线城市这种寸土寸金、房价畸高的地方。

而对于账面价值接近零，但仍具备一定市场价值的东西，就可以通过在 APP 上转售的方式，收回一些成本。这样做不但能帮助你理财，还能培养你卖东西的能力。

对于有些特殊物品，如书籍、乐器、摄影器材，也可以贯彻上述原则，如果用不到了，就果断丢弃或卖掉。就算哪一天突然需要了，还可以再买新的。

当然，有些人有收藏癖，明明一样东西已经用不着了，但还不舍得扔，就是为了收藏着平时看看，还想着万一有一天会用呢。对于这种情况，其实也可以纳入你的估值体系——也就是物品仍有收藏价值，所以，其账面价值并不是零。

如果用这样一种理性的估值体系去衡量断舍离，是不是比那些哲学鸡汤对你更有指导作用呢？

6.2.4 旅游的消费理念

笔者有一个老年朋友，在旅游这件事上，有着两个极端。

一方面，在订购出行旅游产品时，总喜欢挑选最便宜的，例如，中国香港游或泰国游每人1000元，日本游每人3000元。

另一方面，到了旅游景点，却总是被当地人忽悠着买那些不实用但又看似优惠的产品。最夸张的是有一次在中国台湾买了一床6000元的被子来，以及在云南买“A货”首饰，回来才发现是假的。

理性的旅游消费观应该是怎样的呢？

首先，除了一些把旅行当做磨练身心的人士之外，旅游这件事情对于所有人都应该是一种享受，而不是折磨。当然，有些人确实没钱，奉行穷游主义，也是无可厚非的；但如果有了一定的经济实力，出行就应当以舒适作为标准。

- 机票。很多“红眼”航班，或是半夜起飞，或是凌晨到达。尽管便宜，但会让人因为缺乏睡眠而疲惫不堪，不仅玩不好，还影响回来以后的生活和工作。如果是一家人出行，就更应该尽量避免这种“红眼”航班。
- 酒店。笔者不提倡为了省钱，而选择服务差、卫生条件差的酒店。对于一般的工薪白领而言，出行入住四星级酒店往往是性价比最高的选择。要知道，住宿本身也是旅游的一个重要环节，一次旅行中至少有1/3的时间会待在酒店里。因此，酒店的质量对于你出行体验有决定性的作用。
- 餐饮。既然出门在外，就要享受当地美食。虽然没必要挑贵的吃，但也要多体验地方特色，而不是随便吃点团餐或是自带食品。

设想，如果在上述项目中处处节省，那就相当于你旅游的一半以上的时间都在受苦或是平平无奇。那你的旅游就只剩下辛苦跑腿和到景点拍照了。这样的旅游，是不是还不如待在家里?

在各种景点、购物点内，笔者也时常见到人们出手阔绰。一方面是被导游或当地人忽悠，另一方面也是图新鲜，就买了很多价格虚高而且自己根本不需要的东西。

导游和当地人，利用的就是游客的“旅游购物心理”。这种心理主要包括攀比心和好奇心：别人都买了我也要买；这东西没见过买回去试试。而且，人在外出旅游时，往往会对价格不敏感。以至于一个平时连几毛钱都要节省的人，到了景点和购物点就像丢了魂似的，出手几千元都毫不犹豫。

笔者认为，在所有旅游景点出售的物品，其价格中都包含着大量溢价。一方面来自于景点摊位租赁、管理费等成本，另一方面来自于“宰你一次就够了”——也就是信息不对称的溢价。因此，一个很实用的招数就是当你想买一样东西的时候，用手机在网上搜索一下同类商品的价格。也许，在看到那个价格的一刹那，你就会清醒了。

所以，总的原则是，除了一些纪念品、给朋友及同事带的东西之外，出去旅游尽量不要买其他东西。

6.2.5　预付卡——想说爱你不容易

在餐饮、理发、娱乐场所，我们经常会看到商家怂恿消费者办理“会员卡”“预付卡”。办理这些卡往往需要充入大量的钱（至少上千元），而吸引你的地方就在于充钱之后服务便能打折。

我们每个人的钱包里，或多或少总有几张这种性质的卡。

- 最典型的就是健身卡。笔者很多朋友，自从办了健身卡、充了几万元以后，由于工作繁忙，往往一个月才去一两次，时间长了索性就不去了。折算成单次的话，甚至比不打折还要昂贵。

- 其次是美容美发卡。这方面中国有很多“名声在外”的连锁店，在你进店消费的时候不断做推销，甚至你办卡充钱以后，这种推销都不会中断。而这种连锁店之所以这么做，就是因为美容美发行业回收成本太慢；一旦换成预付费卡模式，那么新店开张以后几乎一个月就能收回成本，从而大大加快了其在全国范围内扩张的速度。
- 但最不幸的就是那种“跑路卡”，也就是你办卡充钱以后，没多久这家店就关了，你充的钱就打水漂了。

笔者要提醒各位的是，自从2012年9月开始，商务部就公布了《单用途商业预付卡管理办法（试行）》。所有给消费者办卡充钱的商家，都需要取得预付卡单位备案证明，而且通常都会悬挂在店门口。因此，如果你遇到哪个商家要求你办卡充钱，却没有看到其悬挂备案证明，你就要小心了——这种商家很可能会给你一张“跑路卡”。

那么，对于正规办卡单位呢？笔者也建议你留一个心眼，计算一下自己使用这张卡的效率。如果你的计算结论是要超过一年以上才能把卡里的钱用完，那就不要多充钱了。尤其对于那些你一进店就不断推销的连锁店，你心里需要很清楚：即使你拗不过他们最终办了卡充了钱，那么下次来还是会不断被要求继续充钱——所以，这就是一个无底洞。最好尽量远离这些推销比服务更勤快的商家。

总的来说，从理财的角度，我们应该尽量减少预付卡的数量，因为这会很大程度上影响你的现金流和资金使用效率，降低你用于其他消费及理财的支出。切记，大多数商家都是为了尽快回收成本才要求消费者办卡，而不是他们所宣传的那样为了给消费者让利。

6.3 预算式记账法

很多人平时有记账的好习惯，现在手机里也开发出了多款记账的软件。

但是，笔者看到的大多数记账都是标准的流水账，就像一个公司的财务做账那样，事无巨细。例如，今天中饭吃了 15 元，晚上买了瓶水 5 元，淘宝上买了件日用品 29 元等。

像这样详细的记账，笔者最怀疑的是：这种方式能持续多久呢？因为人的一生都在消费，而你不可能每天都抽出时间，来对每一笔的消费记账。如果一个月中断了几天，或是忘了记几笔大额消费，那么这个月的数据就不完整、不可靠了。

更重要的是，这样的记账到底对你的消费行为有多少约束？因为你只是被动地、客观地甚至茫然地在做着记载。可能到最后算了每月的总账，数字让你大吃一惊，然后下决心下个月要节省；但是真的到需要消费之时，又把当初的决心抛之脑后。

在笔者看来，很多人的记账往往只能持续一段时间，也就是所谓的“打一阵鸡血”。等兴奋劲过去，尤其是发现记账对自己的消费行为并无约束，对于自己省钱并无帮助时，可能就再也提不起精神来做如此烦琐的记录了。

因此，比起事无巨细的记账，笔者更倡导一种“预算式记账法”。

这种记账法并不要求生活中的消费每笔都记录，而是通过预算进行总量控制。

首先，需要对自己过往每个月的平均消费情况有一个清醒的认识。如表 6-1 所示是一个年收入大约 15 万元的白领的消费情况。

表 6-1　年收入大约 15 万元的白领的消费情况

项目	月平均消费（概数，单位：元）
一日三餐	1000
外出聚餐	800
衣物日用品购置	500
水果零食	300
水、电、煤、手机费用	400
通勤费用（包括养车）	200（无车）；1000（有车）
娱乐费用（分摊）	500
人情往来、交友（分摊）	300

续表

项目	月平均消费（概数，单位：元）
旅游（分摊）	1000
租金	3000
大额消费（分摊）	500
总额	8500 ~ 9300

按这样计算，月平均预算为 8000 元（无车）或 8800 元（有车），一年的消费总量就是 10 万 ~ 11 万元。这位白领就可以拿出收入的 20% ~ 30% 用于理财。

很多人在记账时往往忽略了那些大额支出。而表 6-1 中的所有“分摊”，指的就是在一年中可能只发生一次或两次的支出，也需要分摊到每个月的支出当中，这样的记账才能全面。其中，人情往来如喜酒礼金，可能一年参加 4 次婚礼，平均每次送 900 元，合计起来就是每个月送 300 元；而旅游，可能一年两次，每次 6000 元，分摊到每月就是 1000 元；大额消费指的就是你购置价格较高的物品，比如更换手机，购买其他数码产品，一年总消费 6000 元，分摊到每月就是 500 元。

在根据自己的消费情况，确定了表 6-1 中的月平均消费的预算之后，接下来要做的就是管理和控制。只有管理和控制，才能对你的消费冲动产生适当的约束作用，才能让你不至于大手大脚而没有限制。

例如，如果外出聚餐限定为每月 800 元，而某个月因为一些原因去了昂贵的餐馆，导致费用超出了；那就需要在之后几个月加以控制，以实现一年的总量不超出 9600 元。

大额消费也是如此。如果你希望更换一个 iPhone 7 手机，那就相当于一次性用掉了一年内所有的大额消费预算。在接下来的几个月里，就只能尽量控制自己消费其他大额物品的冲动了。

有些人可能要问，这样活着不累吗？笔者对此的回答是：这取决于你给自己制订的理财计划，以及月平均消费的分配。如果你希望把收入的大部分

（比如 40% ~ 60%）都用于理财，那么制订的数字就会相对保守和紧缩——而之后的时间内你就只能去尽量满足自己当初制订的数字。相反，如果你并不在乎月光，那就可以制订较为宽松的数字。

这种记账方法的真正目的，就在于让你对自己的收支状况实现主观能动的管理，制订出最符合自身实际的预算和记账方法。

当然，这种预算式记账法不能给你呈现一个精确的数字。很多时候，你也只能进行千元以内的管理，无法精确到几百元乃至几元钱。

所以，也需要进行必要的核算，同时也是检验你对自己的消费是否进行了有效的管理。比如，你可以每个季度都查一下工资卡、信用卡余额的变化。当然，这种核算也会受到一些预付费用（如租金三个月一付）或者待付费用（如有些消费是分期付款）的影响。但除了租金需要考虑之外，其他费用总体不会对你的数字产生过大的影响。

当你习惯这种方法以后会发现，比起原来每天都要辛苦地记录那些烦琐的数字，现在的记账法既轻松又有效。

第 7 章

理财与生活

每个人进行理财，都有着不同目的，但有一点应该是绝大部分人都同意的：理财是为了提高我们的生活质量。如果忽视了这一点，那么你的理财就有点本末倒置，丢了西瓜捡了芝麻。

所以，在讲完主动收入、被动收入、消费和支出之后，我们最后来谈谈理财与生活之间的关系。在这一章里笔者并不打算侧重于任何具体的理财方法——更重要的，是理念。

7.1 理财与时间

你知道吗？贫穷的可怕之处，不是衣衫褴褛，不是饥肠辘辘，也不是流离失所；而是——它会在无形中剥夺一个人的时间观念。

7.1.1 钱换时间和时间换钱

这个社会，有很多服务其实就是用钱来换时间，例如：

- 由于走路和坐公交都很慢，所以坐出租车或开私家车。
- 很多游乐场内会出售优先券，免去你排队的时间。
- 银行会有 VIP 通道，免去 VIP 客户排队等待。
- 从广义上说，花很大代价买房甚至也是用钱来换时间。买到市中心的房子，就能节省大量通勤时间，也能获得便利的购物、教育、医疗条件，从而省下了为获取这些资源而需要花的时间。

而反过来，如果一个人很穷呢？那他就穷得只剩下时间了。所以，各项商品、各项服务，都尽可能用时间来置换，例如：

- 很多穷人，包括很多金钱观念吝啬的老人，都是宁可坐慢悠悠的公交，换乘好几辆车，都不愿意花钱打的，更别提买私家车了。
- 出行旅游，不愿花钱买最快的飞机航班，宁可坐慢悠悠的大巴或火车。
- 衣服破了以后不舍得换，花时间自己一针一线修补。
- 家务劳动全都要自己一手操办，而不去请钟点工。
- 市中心房子租不起，只能租在郊外，每天花大量时间在通勤。

由此，慢慢地，一个穷人会形成这样的观念：宁可多花时间，也要少花钱。

这会造成穷人的主观有效生命远远低于富人。

大量的时间浪费在等待、发呆、重复机械劳动之中。根本没有其他时间去发展各种体验，贯彻爱好，实现理想。

人的主观生命，就来自于各种体验。如果时间在等待、发呆、重复机械劳动中流逝，人就会感到这一辈子如白驹过隙，一晃就没了。

TIPS

穷人唯一的财富就是时间，但这种财富是有限的；而富人则可以通过金钱置换时间，使其时间财富在事实和实际感受上远多于穷人。

7.1.2 时间的价值

也许有人会说，即使我没有为了省钱而花时间，我所得到的额外时间不也是浪费在其他方面（比如玩手机）了吗？

也有人说，现代人类经常需要“打发时间”——各种娱乐产业、旅游业，不都是因此而生的吗？你花钱省下来的时间，最终大多还是被“打发”掉了。

但在笔者看来，一个人的时间也可以像商品一样，贴上“价值”的标签。

如何判断你所使用的时间是有价值还是无价值？让我们来看一个简单的例子。

某白领 A，月收入两万元，单身。为了省钱，在市郊租房，平时下班回到家要晚上七点。A 非常勤快，自己做饭洗碗，自己洗衣服，家里卫生也都是自己打扫，每天花在家务上的时间至少要两三个小时。等全部忙完，差不多也该睡觉了。

某白领 B，月收入 15000 元，也是单身。比 A 租的地点略靠近上班地点（租金 500 元），平时下班回到家是晚上六点。B 吃饭基本上是叫外卖，每周让钟点工阿姨来打扫卫生。因此，到家以后既可以休息娱乐，也有时间健身充电。

A 和 B 谁的生活更好呢？B 尽管收入比 A 低，还有多余的租金、钟点工支出，但 B 的业余生活却远比 A 丰富，也可能比 A 有着更好的职业前景。

对 A 来说，问题在于：A 是否觉得每天两三个小时的家务是有意义的、使其感到身心愉悦的？如果回答是肯定的，那么我们也不能判断 A 的时间花得没有价值。但从一般人的体验来说，回答可能是否定的，A 可能就是为了多省钱，宁可由自己来完成所有的家务，而不论过程是多么令人感到疲劳和厌烦。如果是这样，那么我们就可以说，A 花的时间是没有太多意义的。

现代社会，最大的理念变化就是“专业外包”。A 即便再擅长家务，也不可能比专业人士做得更好、更快。因此，A 为此所花去的时间，从经济学来说就是不具备“比较优势”——就像科比・布莱恩特与其花四个小时修剪草坪，不如把修剪草坪的事情交给专业园艺师，而把省下的四小时用于篮球训练一样。

再举个例子，一个人在家做私活，一小时平均收入 30 元，吃饭叫外卖 15 元。如果自己做饭只需要 6 元，但是要花一个小时，就相当于浪费了一小时私活的机会成本 30 元。叫外卖的成本仅 15 元，而做饭的成本就相当于 30+6=36 元。

因此，笔者认为判断一个人所使用的时间是否有价值，主要有两方面：

（1）你在所使用的时间内所从事的事务，是否能让你觉得愉悦？或是增加了体验？或是使自己哪方面获得进步？或是能使别人感到愉悦、受益？

（2）你所使用的时间，是否是在自己具有比较优势情况下？是否是有效率地使用？

只要你花的时间满足了上述两方面中的任一方面，那么你的时间就花得相对有意义。但反过来，你就相当于浪费了自己宝贵的时间财富——即便你能为此节省出金钱。

回到本节开头所说的情形——无论你把自己花钱省下的时间用于玩手机还是其他各种打发时间的娱乐，在笔者看来都比你为了省钱而把时间花在低效率的工作、无谓的折腾和等待上要好得多。使自己和他人愉悦地“打发时间”，也会让你的生命变得更加多彩。

7.1.3 榨取时间的“剩余价值”

时间就是金钱这个道理，我们从小学开始就一直被教育了。但随着长大成人，进入到节奏很快的商业社会中，自己往往就忽视了时间的重要性，乃至于舍本逐末，只顾着想着如何赚到尽可能多的钱，却忽视了如何最大化地利用时间。

我们看到很多人，上班时无所事事消磨时间，快到下班了才开始工作，然后加班到很晚；回家以后洗洗就睡，第二天又是如此往复（这一点日本人尤为如此）。

我们看到很多人，就像上文中的穷人思维那样（尽管自己可能并不穷），宁可花时间也要省钱。于是，大量时间被花在了等待、发呆、重复机械劳动之中。

我们还看到很多人，平时非常劳累，缺少睡眠，一到周末就长眠不起，几乎离不开床，双休日就是在半睡半醒中度过。

现在，人们都开始有理财的观念了。但你有没有想过：如果你有效甚至高效管理你的时间，这就相当于你大大增加了自己的财富。

对于笔者这样的咨询行业从业者而言，时间几乎就是职业的命脉——因为向客户收费的依据就来自于你所花费的有效时间。工作中的每一分钟，都要保证对时间的高效管理，从而对自己和对客户负责。效率提高就能保证自己花的时间都是“有效时间”，从而提高竞争力。反之，即便你花了大量的时间，但由于低效，最终实际能用来收费的时间也只能占较小的比例。

而对于其他行业，尤其是志在高远、想要获得更大的事业进步和获得创业成功的人来说，时间的高效利用就更为关键。对于这些人来说，应该尽一切可能花钱节省下时间，尽一切可能避免在自己没有比较优势的领域花时间，并把省下的时间用于对自身的提高、身心的调整、健康的保持上面。为了省下你用于自身发展的时间而花钱，正是一种合理理财的表现。你需要成为一个资本家，一个贪婪榨取你自身时间所有“剩余价值”的资本家。

当然，笔者也不提倡那种时刻绷紧弦，每时每刻都要“战斗”的工作或生活模式。很多时候，花时间在休息、娱乐甚至发呆上，也是一种高效的时间利用方式。因为人的大脑也是需要休息的，良好休息的关键就在于切换大脑的工作模式。所谓“偷得浮生半日闲”，这也是一种人生的醍醐味。

7.2　理财与家庭

在我们的生活中，家庭是无法回避的一个话题。因此，一切理财的行为也就与你的家庭密切相关了。接下来就讨论一下理财与家庭之间的各种关系。

7.2.1　要不要啃老

近十几年来，年轻人“啃老”的现象正在变得越来越普遍。

这个现象的根源就在于房价的高企和结婚成本的高涨。刚毕业的年轻人，凭着自己挣的工资，根本无力应对如此高昂的支出，即便是名校毕业的精英也是如此。换句话说，如果一个年轻人只依靠自己的力量，几乎无法在可预见的未来能够结婚——除非对象同意先租房，结婚费用一切从简，但这年头能有这么低要求的人真是不多了。

这种面对现实的无力感，无论你具有再多理财知识、再高财商也是无法解决的——因为理财只能帮助你管理已有的财富，不能帮你创造奇迹。在这个时候，能依赖的人也就只有生你养你的父母了。

笔者曾经卖过一套房，买方是985高校毕业的高才生。为了在上海定居，这套房耗光了他们三个家庭（男方父母、女方父母、小夫妻家庭）的所有积蓄，并透支了男方未来三十年的部分收入。这种情况在一、二线城市并不少见。

笔者也在身边和网络上见过不少年轻人，毕业后找不到工作或是频繁跳槽，导致缺乏稳定收入，日常生计只能完全依赖父母。但也有一些人，是开销用度大幅超过了工资收入，所以，只能不断让父母来填补其财政上的缺口。

那么啃老是否应该呢？一般而言，年轻人一旦从学校毕业，就应该是独立的。论语有云“三十而立”，就是指一个人到了三十岁以后，应该能依靠自己的本领独立承担自己应承受的责任和困难，并已经确定自己的人生目标与发展方向。而现代社会，衡量一个人是否独立的主要标准就是是否能自己养活自己及整个家庭。因此，对于那些老大不小还依靠父母维持自己日常支出的人，他们就缺乏一个独立的人的基本人格，甚至可以视为社会的寄生虫。

但是否应该啃老，也不能一概而论。必须承认，目前中国经济所具有的畸形特征，导致很多年轻人（尤其是外地到大城市打拼的年轻人）在毕业以后举步维艰。房价、医疗、教育三座大山，加上社会观念的束缚（比如结婚就要买房），如此恶劣的环境下如果还要求年轻人完全依靠自己，未免太苛刻了。

有些不啃老的年轻人（比如想靠自己攒足首付而不靠父母），现实给他们的却是无情的打击——房价上涨速度远远超过了他们攒钱的速度。

因此，不妨把啃老也视做一种理财。

- 假设目前集全家之力可以买到一套用于结婚的房产，那么就可以把双方父母视作融资的对象——你得到的是来自父母的不定期并且免息的贷款，是天底下最优质的贷款。融资的目的就是先行购入房产，对冲房价将来上涨的风险。

- 然而，这种融资却不易过度——首先你需要给父母留下将来养老、医疗的必要费用；其次，既然你已经动用了父母的积蓄，那么除非你是富二代，否则无论买房还是结婚，都应当从简，而不是铺张浪费，挥霍父母的积蓄。
- 如果你是一个有志气的人，那么在把父母援助的钱视为融资的同时，也应该把还款作为将来必须履行的义务。因此，在你工资收入越来越高的时候，就应该拿出一部分孝敬父母（但如果没有余力，也是可以推迟还款的）。

但无论如何，在自己已经从学校毕业的情况下为了购买非必需品（比如名牌衣服、名牌拎包）而依靠父母援助，在任何社会都是一种不值得提倡的行为。

7.2.2　与另一半之间的协调

很多时候，理财并不是一个人的事情，而是夫妻两个人共同影响、共同决定的事情。

比如，一个人立志要实现财务自由。当他终于做到理财的被动收入超过每个月支出时候，他找了个老婆。老婆见他有这么多积蓄，当然就大手大脚花钱，于是他的财务自由梦想很轻松就破灭了。

又如，老婆经常喜欢研究楼市，到了 2014 年老婆对老公说：“我们趁现在楼市低谷去买房吧，以后肯定赚。”老公却说：“房子以后肯定一直跌，还买什么房子啊？”结果他们就没出手，错过了之后 2015 到 2016 年楼市的暴涨。

理财这种行为本身就是一个高度独立甚至是孤独的行为。因为它需要周密的计划、严格的执行，以及判断力和决策力。所以，单身的人想要好好理财，乃至达到财务自由都不是一件非常困难的事。但一旦牵涉两个人，事情就没这么简单了：两个人的想法、步调都需要一致，只要任何一个人打乱了节奏，理财和投资的计划就没法顺利进行。

不仅如此，对很多家庭来说，还存在着争夺财产控制大权的事情。上到房产证上的名字，下到工资的归属，很多夫妻为此都产生过不同程度的矛盾。

其实，协调好夫妻之间关于理财、财产的认识和看法，本身也是理财这门学问和艺术的一个极其重要的环节，很多时候甚至对理财的成功与否起到了决定性的作用。那么，我们应该如何对待呢？笔者下面用自问自答的方式进行阐述。

1. 该不该为了实现财务自由而保持单身不结婚？

看了上述例子，有些人可能会产生这样的疑问。这个问题其实不仅是财务自由，还牵涉了现在社会上越来越多的“不婚主义者”所坚持的主张——他们认为结婚带来的便利和好处已经越来越少，而负面效果则越来越多。

对此笔者的回答是，如果你已经有合适的对象，也渴望经历婚后的生活，那就不应该仅仅为了“实现财务自由”而坚持不结婚。人生在世，经历美满的婚姻和家庭幸福，要远胜过那“虚无缥缈”的自由——尤其是如果你并不知道自己实现财务自由以后该干什么的话。

2. 婚后家庭的财政大权应该由谁来掌管？

笔者认为，最科学的方式应该是两个人分别掌控、处理自己的收入，互不干涉。这样带来的好处，一是可以进行风险对冲（比如一个人保守投资，另一个人相对激进投资），相当于把鸡蛋放进几个篮子，而不会出现全军覆没的后果；二是彼此在家里都有话语权，切实推进家庭内的民主气氛。

但是，如果夫妻双方中有一个人对理财完全没概念，或者一方对另一方特别不放心，那么也会出现一方把收入全额上缴另一方，只领取零花钱的状况。这种情况当然也是无奈之举；但是，如果你积极学习理财知识，那么有朝一日就能理直气壮地跟对方提出掌管一部分钱。当然，我们也要避免出现把钱都交给不懂理财，只懂如何在家里强势的一方去管理。

3. 对于投资行为，应当如何决策？

所谓的投资行为，在大多数情况下指的就是买房卖房了（包括之后的装修等）。这也是一个很容易导致夫妻之间产生矛盾的因素。其次就是炒股，夫妻之间因为某个股票套牢、踏空而彼此责怪的情形也屡见不鲜。

笔者认为，不管在什么情况下，夫妻之间都应该以和睦为上。即便错过了赚钱机会或是承受了亏损，也比夫妻之间彼此责怪、反目成仇要好。相比于金钱来说，还是亲情更为重要。

对于投资的判断，即使是专业人士也有可能出错，更不用说普通老百姓。笔者在第 4 章中就强调过，市场是无法准确预测的。所以，无论是哪一方决策出错导致房产 / 股票踏空或亏损，另一方都没有理由责怪——要怪只能怪运气不好。

对于大额投资，夫妻之间应当形成一致意见之后才开始行动，切忌因为自己的一时判断乃至一时冲动，就背着对方盲目投资。因为任何人的判断都有可能被证明有漏洞，甚至是大错特错。如果夫妻之间意见一致后再行动，即便出错，也不会引起家庭内矛盾。反之，就可能是一场大战的导火索了。

7.2.3　大病和保险

如果让你在金钱和健康之间只能选择一样，你会选择哪个？相信绝大多数人都会选择健康。毕竟，如果没有健康的身体，金钱再多你也无法享受。

但是，人总是会生病，一旦生病就要花钱。有句话叫“年轻时候拿命换钱，年老时候拿钱换命”。中国一线城市医疗水平高，因此，居民预期寿命也大大超过那些医疗水平落后的城市（即便这些城市环境要比大城市好）。但是再高的医疗水平，如果没钱看病也是白搭。所以，健康这个话题最后又回到了金钱上面。

在诸多病症当中，最容易导致花钱如流水的，正是那些重疾（或称危疾），其一般具有以下特征：患病后对人体的伤害程度大，治疗费用高，治愈难度大。另外，罹患重大疾病期间，可能会短暂失去工作和收入。如果未能治愈，还有所谓“英年早逝”的风险，进一步加剧个人（家庭）财务崩盘的风险。这些重疾如恶性肿瘤、冠心病、急性心肌梗塞、中风、脑溢血、肾功能衰竭、肝功能衰竭等。

有些人可能认为，我身体好着呢，哪有可能会生什么重疾？

但是根据卫生部的数据统计，人一生罹患重疾的概率大约是72%！而且，以40岁为分界年龄的话，这之后罹患重疾的概率就逐渐从小概率事件（小于1%）逐步发展为大概率事件。从整体上来讲，男性一辈子罹患重疾的概率高于女性，但女性在60岁前的患病概率略高于男性，60岁以后男性的患病概率提升明显。

一旦罹患重疾，对你的退休生活及整个家庭，都将成为一个重大打击。那么如何减轻其带来的影响呢？

笔者无法帮助你改善健康状况，但是在财务上，笔者建议每个人都把上面所说的因素考虑在家庭的整体理财计划中。

要防范风险，最直接的当然就是购买保险产品。由于现在的理财风潮，国内保险产品一般也具有理财属性，即同时具备保险的本来职能（通过缴纳一部分资金来防范未来可能发生的风险，属于未雨绸缪），以及理财产品的职能（通过本金取得收益）。但以国内保险产品的收益率（万能险、投连险、年金产品）来看，相比较房产投资、银行理财、P2P理财等，都没有什么吸引力。

因此，当你考虑到未来的重疾风险而去购买保险产品的时候，你不应当将其视为一种投资（比如把保险产品的收益也作为你投资计划的一部分），而是应当视为一种消费。保险不是为了赚钱，保险就是花钱。现在花了这些钱，将来一旦身体出现重大变故，那么至少在财政上还能有所挽救，还能让罹患重疾的你或家人不至于为了钱的事情发愁。

TIPS

基于上述原则，其实你应该购买的是那些纯粹的保险，而不需要去购买那些鸡肋一般的“收益型保险”，因为这些保险论收益率比不上其他理财方式，对重疾的覆盖率也比不上纯粹的保险。换言之，你考虑是否购买一款保险产品的时候，不应过多关注其收益率，而是看其对于疾病的覆盖程度。

在你购买这些“纯粹的保险”之后，即便缴了几十年保费也没遇上一次需要理赔的事情，你反而应该为此庆幸——因为死神和重疾都没有找上你或你的家人。如上面所说，这笔钱就是你的消费，你用来让家庭放心的消费。境外的保险也可以考虑，但就其对于重疾的理赔而言，也未必比境内保险产品优越或方便多少。

综上所述，人一过四十岁，就该把购买纯粹的重疾型保险提上日程。要知道你一旦不留神在四十多岁就生了一次大病，即使治好了，保险公司也会因为你生过大病而拒保。而且，给自己买保险应当优先于给孩子买保险，毕竟你有赚钱能力，而孩子生大病的概率要比你低得多。

7.3　理财与奋斗

很多人对理财感兴趣，原因是想变得富有，乃至高人一等；而笔者在前文中也讲过，提高主动收入是理财的一个重要环节。因此，谈起理财，也绕不开奋斗这个话题。而下面笔者却想跟各位分享一些不一样的看法。

7.3.1　我们是否一定要奋斗

有些人在日常生活中，可能会产生这样的疑问：

我在一个三线小城市的事业单位上班，工作比较清闲，一个月拿几千元工资。但听别人说这样很没出息，觉得自己也想要混出点名堂，赚大钱，走上人生巅峰。你说我要不要现在就去大城市打拼、奋斗？

在笔者看来，最关键的不是你要不要去奋斗，而是你怎么去根据自身的特长、环境、兴趣，去做好身边的每一件事。

“奋斗”，在很多情况下是一个相对虚妄的概念。它可以给人打入一定程度的“鸡血”，但这管“鸡血”能在多长时间、多长范围内起到作用，就很令人怀疑了。换句话说，如果你心里只有“奋斗”这种概念，而不去注重细节的话，那你多半还是会一事无成。

我们看看世界上那些顶级名人的成功故事。

比尔·盖茨从大学辍学创办微软的时候，驱使他创业的并不是单纯的“奋斗”概念，而是对于创业本身的浓厚兴趣，以及自身家庭的相对优越条件（比尔·盖茨的父亲掌管一家知名商务律师事务所，是美国律所百强之一；比尔·盖茨母亲与 IBM 董事之间存在人脉关系）。

乔布斯从小迷恋电子学和电脑，梦想拥有自己的计算机，所以，后来创立了苹果。苹果一度陷入财政危机和低迷，但后来凭借 iPod 和 iPhone 成功转势。

马云在创立淘宝之前，已经被政府派出国外做过翻译，自己也创办过翻译公司；之后发现了互联网的商机，才结合了一群志同道合的战友，一起干下这番大事业。

以上这些成功故事，无非基于三点：兴趣、机遇和偏执。

回到上述问题，如果你在小地方上班，能做好本职工作，但别人劝你去外面闯一闯。这时候你要分析的，就不应该是“年轻人要不要奋斗”这种大而空的问题，而是：

- 去大城市闯荡，这一两年有什么好的机遇吗？比如工作机会或商机。
- 如果有机遇，我能不能做好？工作机会或商机适不适合我这样的人来从事？
- 如果现在去大城市，对我有什么弊端？有什么风险？
- 如果我继续这样的生活方式，在将来五到十年会有什么主要风险？

不是所有从小地方到大城市闯都能取得积极成果。如果你只是空有满腹热情，脑子里却是一团浆糊的话，那么取得积极成果的可能性就会进一步降低。

7.3.2　奋斗的成本、收益和风险

如上所述，是否要放弃小城市的舒适但相对低收入去大城市闯荡？这种分析在笔者看来也可以看做广义的理财，因为你必须考虑成本、收益、风险这三大理财基本要素。

先来看一个很著名的寓言故事。

在一个天气晴朗的下午，一位到海边度假的富翁遇到了一位正在睡觉的渔夫。

富翁说："今天天气好，正好可捕鱼，你怎么在这里睡大觉？"渔夫说："我给自己定的目标是每天捕 10 千克鱼，平时要撒网 5 次。今天天气好，我只撒网 2 次，任务就全部完成，所以没事睡大觉。"

富翁说："那你为什么不借机多撒几次网，捕更多的鱼呢？""那又有什么用呢？"渔夫不解地问。富翁说："那样你可以在不久的将来买一艘大船。""那又怎样？""你可以雇人到深海去捕更多的鱼。""然后呢？""你可以办一个鱼类加工厂，那你就可以做大老板，再也不用捕鱼了。""那我干什么呢？""你就可以在沙滩上晒晒太阳，睡睡觉了。"

渔夫哈哈大笑说："你这个人真会说笑，那我现在不就在睡觉晒太阳吗？难道我晒到的太阳和你晒的太阳有什么不同吗？"

在这个故事里，渔夫如果按照富翁说的去做，那么他的成本就是额外付出的劳动力，以及牺牲的晒太阳时间；而收益则同样也是悠闲晒太阳的权利（当然，必然还有其他物质收益，但对于渔夫而言未必重要）。所以，渔夫才会觉得没有必要去付出成本来换取并无吸引力的收益。

更何况，在这个故事中渔夫如果按富翁说的去办厂经营，但因为缺乏管

理经验而破产了，到时候别说晒太阳睡觉，每天就是在躲债了。而这就是收益所伴随的风险。

7.3.3 每个人对于奋斗的选择

回到去大城市闯荡这件事。如果在三线城市拿到的工资是3000元，生活成本是1000元，还剩余2000元；大城市凭自己的能力能拿到6000元，扣除生活成本2000元，还剩余4000元。那么，你去闯荡的成本就是你额外付出的劳力、被占用的时间、一个人面对单独生活，而收益则是这2000元，加上大城市闯荡的经验和见识。将来工资会不会涨？这取决于你的能力，以及客观经济状况，所以，也需要你对此有基本的判断。

所以，这个问题就简化为：你愿不愿意用劳力、时间、生活舒适度去换取年均2000元（之后可能增长）和大城市的闯荡阅历？我想，对于这个问题，不同的人会给出不同的答案。而你要做的，就是选择一个最适合自己性格、环境、兴趣的答案。

至于你去大城市的目的不是为了打工，而是为了创业，那么你就需要考虑到风险因素了。如果你倾向于安逸而厌恶风险，那么也没必要委屈自己为了一时的鸡血就远离家乡去创业。

这种分析方式，对于一个人考虑要不要跳槽也同样适用。比如一个人年收入50万元，面临一个年收入80万元的工作机会，但忙碌程度要比50万的工作增加二分之一。那么他该不该跳槽？这个时候并不能只考虑工资的增长，还要考虑为此付出的成本——那就是额外的劳力、被占用的时间，以及换算到每一个工作小时的时薪。

在这种情况下，如果是一个追求工作与生活平衡，追求发展业余爱好或是与家人陪伴的人，那么对他而言，多付出的劳力和时间代价就可能超过了增加的金钱。如此，他就可能不再去选择“奋斗”，而是维持自己本来的生活节奏。但是对于工作狂来说，就可能更倾向于跳槽了。

一个人能否努力，在什么事情上努力，在什么事情上不努力，也完全是个人的特质。所以，首先是正确认识自己。就像打仗一样，士气固然重要，但正确的战术和先进的装备才是胜利的关键。有些将领善于鼓舞士气，给士兵打鸡血，但如果随后用兵不当败招迭出，也会输得一败涂地。而用兵专家则不需要鼓舞士气，因为士兵们如果处于正确的战术中，知道他们打仗一定会生还，士气必然高涨。

知己知彼，百战不殆，这句话对于个人的生活、职业选择也同样适用。

7.4　理财与幸福

最后，我们来关注一下“幸福”这件事。

在本书第 2 章，笔者曾提过马斯洛的需求层次理论。尽管每个人有着不同层次的需求，每个人在人生的不同阶段也会有不同的需求，但几乎每一个人的最终目的都是为了获得生活上的幸福——无论是自己的幸福，还是家人的幸福。

理财这件事，本身并不是目的，而是获取幸福的手段。这个道理看似简单，但笔者却发现生活中有不少人对此忽略了。最典型的是以下两种现象：

现象 A：

一些人节衣缩食，将钱放进理财产品吃利息，其目的是跟同事攀比，购买那些远超过自己收入的名牌包包、衣服。然而，这样的攀比却是一个无底洞，因为等你千辛万苦买到了能跟同事原来买的包相媲美的包的时候，你会发现同事又有了新的包或是新的衣服。你就像戴着镣铐在跑步追赶前面开着豪车的同事，弄得自己气喘吁吁，差距却越拉越远。这样的你，生活又有什么幸福可言呢？理财会给你带来什么幸福呢？

现象 B:

还有一些人仅仅为了省钱，不但让自己或家人无法得到原本可以得到的良好体验或是享受，甚至还会让自己或家人遭罪。在笔者看来，这种性质的节省就完全是舍本逐末，尽管钱是省下了，但丝毫不能给自己和家人带来幸福，而省下的钱也无法弥补这种幸福的缺失。

那么，幸福的本质是什么？笔者认为是通过下面这两个公式来表达的：

- 所谓幸福，就是你得到的东西，等于或是超过你（和你家人）所期待的东西。
- 你（和你家人）所期待的东西，如果能完全符合你们所处阶层的平均水平，则幸福感的体验最高。

我们来解读一下。

关于第一个公式，幸福能否实现不仅在于你得到了什么，更重要的在于你期待着什么。如果你始终欲求不满，那么即使你有上千万元，仍然会觉得自己很不幸福，眼睛始终盯着那些比你富有的人。相反，如果你心态平和，不攀比，不爱慕虚荣，那么你就很容易从自己得到的东西当中获得满足和幸福。

但是在现实中，我们很多时候并不是一个人生活的，还要照顾到自己的家人。所以，幸福的公式可以演变为“得到的东西等于或超过一家人所期待得到的上限”。如果一家人里面有一个人要求比较高，那么他/她得不到的时候就会抱怨，从而让消极情绪在整个家庭中弥散。因此，要得到真正的幸福，不光你自己需要管理自己的期待值，你还需要学会管理家人的期待值。

而理财计划的制订，也正需要以这方面作为出发点——如何能最大化自己得到的东西，使其超过一家人所期待得到的上限。

现象A所体现的正是第一个公式的反例：当你的期待远远超过你的收入时，你就会陷入不断循环的痛苦之中，与幸福几乎无缘。

关于第二个公式，是指在现实中，也许你的确能够很好地控制住自己的欲望和期待，但即使是这种控制，也不宜过度——比如明明拿着几十万元的收入，却过着几万元收入的生活。在这种情况下，即便你确实不存期待，生活质量也难言真正的幸福；而且你可能还需要花很多心思将家人的期待也降低到和你同一水平线上。而且，长时间的人为压抑，一旦有一个契机使欲望得以释放，其后果也是很严重的。

换言之，笔者既不主张无限扩张自己的欲望，盲目和他人攀比，但也不提倡过度压抑自己的欲望和期待，顺其自然就是最好的。如何做到顺其自然呢？那就是量入为出，客观分析自己的家庭所处的阶层，并为此制订合理的消费和理财计划。

理财所面向的是未来。但笔者仍然认为，最重要的甚至是唯一重要的，就是当下。不应当为了未来而牺牲你的当下——如果你形成了这种思维习惯，那么你就永远没有未来。

所以，理财所做的是对你的未来进行规划，让你当下所取得的成果发挥最大程度的功效。如果你能认识并深刻理解这句话，那笔者这本书也算是没有白写了。

祝各位读者都拥有一个美好的当下和更加美好的未来。